あの事件・事故に隠された

恐怖の偶然の一致

Coincidence

TBSテレビ＝編著

二見書房

はじめに

「偶然」は恐ろしい。「偶然」は突然やってくる。「偶然」は予測不能。だからこそ「偶然」は我々を唖然とさせる。本書には、驚愕の偶然の一致が多数書かれています。

偶然とは関連性のない二つ以上の事柄が同時に生起すること。

もともと関係性がないのだから、意味は……ない！　はず。意味がないにもかかわらず、「偶然」の程度によっては、

「これは単なる偶然ではない必然である。運命だ。神のおぼし召しだ。神のいたずらだ」

「神がいないなら、一体これは、なんじゃこりゃ？」となる。

そんなことを考えながら私たちは一九九二年に『あの事件・事故に隠された恐怖の偶然の一致』という特別番組を作りました。

放送後の反響は大きく、自分の偶然の一致を書いた手紙まで多数殺到しました。


当時から「偶然の一致」を「オカルト的超常現象」だと思いたい人もたくさんいました。しかし答えは現在おそらくNOです。あくまで、偶然は偶然であって、それ以下でもそれ以上でもありません。その後、オウム事件などあり神がかり的なもの、スピリチュアル的なものは、メディア上から排除され、科学的アプローチによる超常現象ブームへの検証、否定へと発展しました。が、にもかかわらず現在またまたここにきて、心霊、占いなどが大ブームとなり盛り上がっているようです。いかがなものか!?

もちろん、心理学者ユングのいうように、偶然性に意味を与えることも自由です。

しかし冒頭でも述べましたが、「偶然」とは関連性のない事柄が同時に発生することです。「偶然」に意味はありません。けれども不思議だけは残ります。不思議大好き。

こんな面白い「偶然の一致」があることに恐れおののき、不思議を不思議として楽しむことのできる人なら、「偶然」をさらに知恵あるメッセージとして自分のなかに記憶すれば――と思います。少なくとも神様は、あなたの心のなかにはいるのだから。

二〇〇六年　初夏

TBS　事業局文化事業
（元制作ディレクター）　熊谷信也

目次

第1章　運命のいたずら？　万にひとつの奇跡と生死を分けた偶然

第2章　与えられた人生？　世界史に登場する運命的な奇妙な一致

第3章　事実がフィクションを真似る？　事件・事故を予言した小説

第4章　偶然？　それとも呪い？　モノや場所に潜む未知のパワー

第5章　機械にも魂が宿る？　不幸を招く車から人を襲う自販機まで

第8章　何がそうさせる？　この人たちにもあった偶然のエピソード

第1章

運命のいたずら?
万にひとつの奇跡と生死を分けた偶然

1 大惨事を免れた聖歌隊員の初めての遅刻

なぜか、みんな出かける準備が整わない

それは一九五〇年三月一日の夕方に起こった。

アメリカ・ネブラスカ州にあるベアトリスという小さな町での出来事である。三月のはじめのこの日、ベアトリスの町ではいつものように人々のささやかな生活が営まれていた。春が近づいているとはいえ、まだ冷えこみも厳しいころのことだった。

信仰厚いこの町の数ある教会のうちのひとつ、ウエストサイド・バプテスト教会。

いつもなら午後七時半から始まる合唱の練習に、その日に限って十五人の聖歌隊員は、なぜか誰ひとりとして教会に現われなかった。

といっても、彼らがこのとき、とりたてて特定の事件や事故に巻きこまれたわけではない。ただ聖歌隊の隊員それぞれに、どうしても避けられなかったちょっとした十五の出来事があり、いけないと思いつつ、ついつい遅刻してしまっただけなのである。

たとえば、マリリン・ポールの場合はこうであった。

「マリリン、起きて！　遅刻するわ」

「えっ？　お母さん、私うっかり寝ちゃったみたい。ごめんなさい」

「もう七時すぎてますよ。急がないと」

「もうそんな時間なの！」

聖歌隊でピアノを演奏するマリリンは、いつものように合唱の練習の三十分前には教会へ行って準備をしていようと思っていた。だから、夕食のあとベッドでひと眠りしたいという母親を、練習の時間に間に合うように起こしてあげるつもりだった。

ところが、自分もついうたた寝をしてしまい、逆に先に目を覚ました母親にゆり起こされたときは、すでに時計は七時十五分をさしていたのだ。

〈あーあ、完全に遅刻だわ〉

それでも急いで身支度を整えながら、彼女はそう思った。

また、教会の牧師の家では、こんなことがあった。

「ママ、まだなの？」

「ちょっと待って、もうすぐ終わるから」

教会のウォルター・クレンペル牧師は、自宅での夕食のあと、聖歌隊の練習のため妻と幼ない娘のマリリンを伴って、七時十分には家を出て教会に戻る予定だった。

ところが出かける間際になって、妻が娘の服が汚れているのに気がついたのである。

「マリリン、これじゃ教会には行けないわ。別のきれいなお洋服にしましょうね」

だが、着せるつもりだった別の服にはまだアイロンがかかっていなかった。

「しかたがないわ。あなた、ちょっと待っていてくださいね。すぐにすませますから」

妻が急いでアイロンかけを終え、娘に着替えをさせたときには、すでに七時二十分をまわっていたのだ。

聖歌隊でソプラノを担当するロイエナ・エステスとサディ・エステスの姉妹は、いつものように早目に家を出て、車で教会に向かおうとした。

「あれ？　おかしいわ……」

「どうしたの？」

「故障したみたいよ、この車」

一度も故障したことのない車が、いくらキーを差しこんでスターターを回しても、この日に限ってエンジンがまったくかからなかったのである。

「だめみたいね。修理に出さなきゃ。私にはどうしようもない」

「早く行かないと、練習に遅れるわ」

ヤキモキしながら何度も試した末に、ついにふたりは、自分たちの車で行くのをあきらめることにした。

　すぐ近所に住んでいて、やはり聖歌隊の一員であるレダーナ・バンデクリフトの家まで行って、一緒に教会まで乗せて行ってくれるように頼むことにした。

「レダーナ、うちの車が動かなくなったの。悪いけど一緒に乗せていってくれない？」

「もちろんかまわないけど、ちょっと待ってもらえる？　いまやっている宿題を終わらせてしまうから」

　ふたりは、レダーナの準備が整うまで待った。

そのほかの聖歌隊員たちが遅刻した理由

　レダーナ・バンデクリフトの場合。

　当時高校二年生だった彼女は、練習の前に数学の宿題を片づけようと机に向かっていた。ところが、この日の宿題はなかなかに難しく、解けなくて格闘しているうちに時間を忘れ、気がついたときには遅刻しそうになっていた。いつも時間より早く教会にやってくる真面目な彼女だったが、どうせここまでやったのだから、このやっかいな宿題を終えてから行くことに決めたのだ。

　レオナルド・シェスター夫人と娘のスーザンの場合。

レオナルド・シェスター夫人の母親の家では、その日の夜にキリスト教関係の会合が開かれる予定だったので、シェスター夫人は幼い娘を連れて、その準備の手伝いに出かけていた。聖歌隊の練習には間に合うように終わらせるつもりだったのだが、思ったよりも準備に時間がかかり、遅れてしまったのである。

旋盤工、ハーバード・ケプトの場合。

いつもは時間に正確な彼なのだが、その日は重要な手紙を書いているうちに、ついつい遅刻してしまった。

速記タイピスト、ジョイス・ブラックの場合。

人一倍寒がりの彼女は、その晩がとくに寒かったため、なかなか外に出ていく気になれなかった。練習場所になっている教会もきっとひどく冷えているにちがいない。

「あと少しだけ、まだ間に合うわ。あと少しだけ……」

なかなか暖かい家に対する未練が絶ち切れずに、ぎりぎりの時間まで部屋でぬくぬくとしていたのだという。

機械工、ハービー・アールの場合。

「ふたりともおとなしくしなさい！」

その日は妻が留守だった。だから彼はひとりで、まだ手のかかる盛りの息子たちの世話

手紙を書いていて遅刻し命拾いした元聖歌隊員のひとりハーバート・ケプト氏

をしなければならなかった。

そろそろ教会に出かけなければいけない時間だった。だが、この子たちだけで留守番させるわけにはいかない。しかたがないので、ふたりも練習に連れていこうと、ぐずる息子たちを叱りながら、なんとか支度をさせた。

「いいかおまえたち。向こうではお行儀よくしなきゃだめだぞ」

やれやれと腕の時計を見たときには、すでに遅刻していた。

女子高校生、ルシール・ジョーンズとドロシー・ウッドの場合。

仲のよいふたりは家がすぐ近所なので、いつも連れ立って練習に出かけるのが習慣になっていた。

この日、ルシールは、午後七時から七時半

の時間帯に放送されるラジオ番組を楽しんでいた。いつもならちょっと早めに教会に出かけるのだが、どうしてもこの番組を最後まで聞きたかったルシールは、この日に限って遅れて行くことに決めてしまった。

「いいわ、今日一日くらい遅れても。いつもきちんとやっているんだし」

そのため友人のドロシーも、ルシールにつきあって遅刻することになったのである。

その晩、聖歌隊の十五人全員の身に起こった、それぞれの遅刻の理由は、あまりにありふれた平凡なものだった。うっかり寝すごす、子どもに手がかかって予定が狂う、出かける間際に車が故障する、何かに夢中になってついつい時間を忘れる——それは誰の日常にもよくある出来事ばかりだった。

しかも、一緒に出かけるはずだった家族や友人たちの場合を別にすれば、遅刻の理由はおたがいにまったく無関係なものだったのだ。だから、そのときには誰ひとりとして、まさかほかの聖歌隊員も全員遅刻しているなど、思いもよらなかったはずである。

ところが、その日の七時二十五分、ふだんなら全員が集まっているはずのまさにその時間、突如ウエスト・バプテスト教会で大音響とともに爆発が起こった。

爆発音は、ベアトリスの町の隅々まで響きわたったという。

教会の壁は砕け散り、重い木造の天井は一直線に落下。教会の建物は全壊し、まるで原形をとどめぬ、ぺしゃんこの残骸になってしまった。

もし聖歌隊全員が、あるいは誰かひとりでも時間どおり教会に集まっていたなら……。まず、全員助かることはなかったにちがいない。爆発で吹き飛ばされたか、屋根の下敷きになって焼け死んだか……。

十五人に起きた十五の理由が、それぞれの命を救った。教会の無残な姿は、驚いて駆けつけた人々の脳裏に、ここで起こりえた大惨事を思い描かせるのに十分なものだった。

隊員全員が遅刻する確率は10億分の1

当時、この事件の消火活動にあたったジョー・スティファーターさんは語る。

「その晩、警報が鳴り、急いで教会に駆けつけると、教会はすでに燃え落ちていました。私は誰かなかにいないか探しました。爆発で誰もケガしたり死んだりしなかったのは、ほんとうに運がよかった」

このときの聖歌隊員のひとりだったハーバート・ケプトさんは、当時を振り返ってこう語っている。

「あのとき、私は二十七歳でした。水曜日の夜で、練習はいつも七時三十分からだったんです。その日私は、たまたまとても大事な手紙を書かなくてはなりませんでした。書きはじめたのはいいのですが、思ったより時間がかかってしまい。急いで終わらせたのです」

ピアノを担当していたマリリン・ポールさんも、その夕方のことについてインタビューに答えてくれた。

——遅刻した理由は？

「ついうっかり寝てしまったんです。私は高校を卒業し、大学に入るまでのあいだ働いていたのですが、あの晩はなんだかとても疲れていて、つい居眠りをしてしまったんです」

——いつも七時には教会に着いていたのですか？

「はい。遅くとも七時十五分までには着いていましたね。家は七時には出ていました。私は教会の近くに住んでいましたから、いつも時間を厳守していました。みんなもそうでした。遅刻したのはあのときが初めてです」

——それまで、ご年輩の方々とか、他のメンバーが遅れたこともありませんでしたか？

「いいえ、一度も」

十五人の聖歌隊全員が遅刻する確率は、計算上十億分の一だという。しかも聖歌隊員は真面目な人ばかり。このときまでは、欠かすことなく全員が時間に正確に集まってきていたのである。遅刻の常習犯など、誰ひとりいなかった。

それを考えれば、十五人全員が爆発の犠牲になることこそ、もっとも起こりうる事態だ

ついうっかり居眠りをしたため遅れた元聖歌隊員のひとりマリリン・ポールさん

聖歌隊のピアニストだった彼女は、現在も教会でピアノを担当している

ったはずである。親に連れられてやってきた幼い子どもたちさえ巻き添えにして。

いかなる神意が彼らの命を救ったのだろうか。

この事件の顚末が「ライフ」誌で大々的に報じられると、聖歌隊のメンバーたちは世界的に有名になった。だが、その後二度と彼らすべてに共通する出来事は起こらなかった。奇跡は繰り返されることはなかったのである。

小さな町ベアトリスでは、いまも相変わらずささやかな日常が営まれている。

2 激突した墓石に刻まれていた同じ名前

この話は一九六四年九月十六日、アメリカ・ニュージャージー州フローレンスで起こった出来事である。

午後三時、昼下がりの人けのない道路を一台の乗用車が走っていた。車を運転していたのは、マイルズ・N・ルーカス、六十八歳。彼はそのとき交差点に向かって時速七十キロで走行中だった。前方は見通しのよい直線道路。周りには一台の車もなく、気分よく車を走らせる彼は、知らず知らずのうちにさらにスピードを上げていた。

「死はすべてのものに等しく訪れる」と刻まれた墓石には当時の傷が生々しい

やがて車は交差点へさしかかろうとする。

信号機手前三十メートル、信号は赤だった。しかし、ドライバーはそのままスピードを落とさず、信号を無視して交差点を通過しようとした。

その瞬間、反対側を走ってきたトラックと激しく衝突。車はその衝撃で道路から大きくはじき出されてしまった。

皮肉なことに、車がはじき飛ばされた先は、交差点近くにあるバプテスト墓地の一角だった。車はさらにそこの墓石に激突したあげく、ようやく止まった。

だが、事故の知らせを受けて救急車が駆けつけたとき、ドライバーのマイルズ・N・ルーカスは全身を強く打ってすでに即死していた。

救急隊は彼を運び出し、地元警察はこわれた車を墓から撤去しようとした。そのとき彼らは奇妙なことに気がついた。

じつに不思議なことに、車が激突したその墓石には、「マイルズ・N・ルーカス、ここに眠る」と刻まれていたのである。たったいまそこで命を失った男と同じ名前であった。

しかも、その名前のわきには「死はすべてのものに等しく訪れる」という言葉まで添えられていた。まるで、この事故が起こることを知っていたかのように。

翌九月十七日の地元の新聞「バーリントン・カウンティ・タイムズ」をはじめとして、当時の新聞は、この奇妙な偶然を大々的に報じた。

マイルズ・N・ルーカスの子どもたちが、当時のことを語ってくれた。

長男のポール・ルーカスは父親の命を奪った墓石を指差していった。

「私たちの父は、一九六四年ここで事故死しました。私は地元の警察から、初めて何が起こったのか聞かされたのです」

長女のルース・ファブリッツはいう。

「私はそのとき四十二歳でした。あの事故はとてもショッキングでした。だって、ちょっと出かけただけの人が交通事故で突然死んでしまった。しかもそれが、同じ名前の墓石のところだなんて」

フローレンスのバプテスト墓地に、四十数年たったいまもひっそりと建つ「マイルズ・N・ルーカス」の墓。いまもなお、この墓石には、事故当時の傷あとが残っている。

3 ひとりの命を救った間違い電話

一九八五年のある日、デトロイト市のクリス・テイマーは同僚に電話をかけた。

電話のベルが鳴り受話器を取るのは同僚だったはずなのだが、番号の押し間違えか、はたまた混線か、電話を取ったのはアレックス・ジョンソンなる人物。しかし、アレックスは自分の名を名乗らなかった。そのときアレックスは、「ハロー」の一言さえいえない状態だったのである。

「…………」

同僚に語りかけるつもりでクリスは、「ハロー、ハロー」を繰り返す。

繰り返すうちにクリスは、電話が同僚のところにつながっていないことを察して、受話器を耳もとから離そうとした。が、耳をすますと、かすかな喘ぎ声が聞こえてくる。

「…………ウウッ、ウウッ」

「？？？」

確認するために受話器を耳に押しつけてみた。

やはり間違いなく聞こえる。苦しげな声だ。たまたまつながった電話の相手はそうとう切迫した状況にあるらしい。

「ハロー、ハロー。……どうしました？」

「ウウッ、ウウッ」

「どうしたんですか？」

根気よく語りかけたクリスは、アレックスの住所を聞き出すことに成功した。

消え入るような小さな声で教えられたアレックスの住所を、クリスは近くにあった紙に素早くメモした。

「すぐに助けが行きます。それまでがんばるんだ、いいね」

ほどなくして、アレックスの家に救急車が駆けつけた。

救急隊員が家に入ると、血の気を失ったアレックスが受話器を握ったまま倒れていた。

アレックスは心不全に襲われていたのだった。ひとり家にいたアレックスはダイヤルする力さえなく、クリスの間違い電話を取るのが精いっぱいだったのである。断末魔の苦しみのなか、気力を振り絞って何とか口にしたのが、自宅の住所だった。

生死の境をさまよいながら、アレックスは恩人クリスに感謝した。そして、一命をとりとめ病状が安定したのち、アレックスはクリスの職業を聞き、

「奇跡だ。まったくの奇跡だ」

と叫んで、胸もとで十字を切った。

クリスの職業は、デトロイト市の予後保養センターの所長。

電話を切ったクリスの指示はまことに的確で、即座に救急車を現場に走らせたのは専門家としての彼の判断だったのである。

偶然の間違い電話がひとつの命をつないだ。

4　七回落雷にあって生きのびた男

世の中には事件や事故を招き寄せる体質の人間がいるようである。

アメリカはバージニア州在住のロイ・C・サリバン氏は、その典型といえるかもしれない。ただし、サリバン氏の場合は、より命がけ、かつ運命的である。事故ならぬ落雷を招き寄せてしまうのだ。

サリバン氏が最初に落雷にあったのは、一九四二年のことだ。だが、彼は死なずにすんだ。彼も家族もこの幸運に感謝した。時がたつにつれて、その事件のショックも薄れ、さすがに忘れることこそなかったものの、過去の出来事として時たま話題にのぼる程度のものになったのである。

それから二十七年後の一九六九年、サリバン氏はまた落雷にあい、ふたたび生きのびた。これだけならまだ「悪運の強い男」くらいですんでいたかもしれない。

だが、翌年の一九七〇年、そして一九七二年と彼はつづけて落雷にあった。そして、またしても生き残ったのである。

ついに彼は、あの世界じゅうのあらゆるジャンルの世界一を集めた『ギネスブック』に「落雷にあいながら生き残った回数の世界一」として掲載されてしまった。

こうして落雷にあいやすい体質であることが世界的に認められた彼は、その後、不意の落雷の際の火事や火傷に備えて、外出するときは常に車に五ガロンの水の入った缶を常備するようになった。

用心の甲斐あって（?）その後も、一九七三年、一九七六年、一九七七年と雷の被害を受けつづけ、自らの記録を更新した。

なぜ、雷がわざわざサリバン氏を狙うかのように落ちてくるのかは、わからない。まるで人間避雷針である。そして、いまだに彼の記録は破られていない。七度の落雷にあい、そのたびに生還したサリバン氏。彼ははたして運がいいのだろうか、それとも悪いのだろうか。

5　死に神に狙われたバイクの兄弟

バーミューダの路上でバイクとタクシーの衝突事故が起きた。バイクに乗っていたのは兄弟ふたり。タクシーには運転手とお客がひとり。この事故では幸いにも死者はなかった。死に神の手まねきに従った者は誰もいなかったのである。

仮に人が運命という目に見えない糸に操られているとして、この事故に遭遇した四人ほど、その運命にもてあそばれた人たちはいないだろう。

四人が命拾いしたその一年後、四人は再会した。一年前のその事故現場の路上での再会だった。

事故から一年が経過し、事故によって受けた身体のキズも心のキズもいえた兄弟ふたりは、またもふたりでバイクにまたがって出かける日々を繰り返していた。同じように事故の記憶も薄れていたタクシーの運転手は、仕事に専念する日々を送っていた。

その日、タクシーの運転手は、路肩を見つめながら客がつかまえてくれるのを待ってい た。と、一〇〇メートルほど先にこっちに向かって合図する客の姿が見える。さほど水揚げのなかったその日だったから、運転手は「これはありがたい!」と、クルマを止めようとした。

「チッ」

残念なことに、自分の前を走っていたタクシーがその客を拾って走り去っていった。

気をとりなおし、ふたたびタクシーを走らせる運転手。

「つぎの客こそは絶対に……」

ほどなく客の姿が見えた。先行するタクシーもいない。路肩にクルマを寄せた運転手は客を乗せ、いつものように言葉を発した。

「えー、どちらまで?」

客の反応がない。

「どちらまでなんですか?」

と、いささか腹立ちながら後部座席を見ると、そこには氷ついたような表情の客がいた。

「アッ。お客さん……」

あの事故のときの客だった。

気まずいながらも言葉をかわし、ようやく行先を告げた客を乗せてタクシーは発進した。運転手と客、双方の頭のなかには、喜ばしくない偶然の一致による〝いやな感じ〟がたしかにあった。が、あえてふたりともそれを口にすることはなかった。

運転手はノドもとまで出かかった「あそこですと、あの道を通って行くことになりますが……」という言葉を急いで飲みこみ、沈黙した。

車窓を流れていく風景は、徐々に一年前のあの日と同じ風景に重なっていく。黙ってその風景を眺めていた客だったが、現場が近づいてきたとき、思わず声をあげた。遠くに見覚えのあるバイクに見覚えのあるふたりがまたがった姿が見えたからだ。

「そんなバカな！」

そのとき、当の四人みんながそう思ったにちがいない。

不幸なことに、起こってはならない偶然が重なることがあるのだ。また、タクシーとバイクは衝突してしまった。ちょうど磁石のN極とS極が吸いつくように。運転手がブレーキをかける間さえないままに。

死に神は一度狙った獲物をとことん追いつづけるのだ。どこまでも、どこまでも。

バイクの兄弟は、二度めの事故で死亡した。

6　名馬「ナスノカゲ」をめぐる四の数字

「ナスノカゲ」は昭和四十六年四月四日、競走馬として生を受けた。数々の戦果を誇る日本競馬史上有数の名馬であった。

だが、ナスノカゲはその人気の絶頂期に、中山競馬場に詰めかけたファンの目前で不運な死を遂げるのである。

それは四歳馬としては最後のレースだった。競馬馬は生まれたときに一歳と数えるので、ナスノカゲは正真正銘満四歳最後のレースだった。あの競馬評論家の井崎修五郎さんも、このレースではナスノカゲを単勝で買っていたというから、当時の人気のほどがうかがえる。四枠のナスノカゲは下馬評のとおり絶好調。トップに躍り出たナスノカゲに「いいぞ、このまま行け！」と、ファンの大声援が送られた。

ところが、第四コーナーをまわったところで、先頭を走るナスノカゲが突然転倒。これに後続の馬も巻きこまれ、四頭が転倒する事故が起こった。

そしてこのとき、ナスノカゲは首の骨を折り即死したのである。

当時、ナスノカゲの騎手をつとめていた金井国男さんは語る。

四の数字によって運命を狂わされたナスノカゲの力走。四コーナーで天に召される

「馬番が悪かったのでしょうか」と語る、当時騎手をつとめた金井国男さん

「一番人気だったですね。二戦めも勝って、三戦めでも一番人気で。ところが最後のレースであのように……。残念ながら最終コーナーで落馬して、首から……。四という馬番の運が悪かったというか」

また、井崎修五郎さんはこうも語っている。

「東京競馬場の三コーナーから四コーナーにかけてのあいだは事故が起こりやすい。これは、昔そこに墓があったからだといわれています。古戦場跡で人骨がよく発見されたとも聞きますね」

四月四日生まれの満四歳馬。馬番は四枠。そして第四コーナーで四頭が転倒。まるでナスノカゲの避けられぬ「死」の運命を暗示するかのような四という数字の重なり。

これはほんとうにただの偶然なのだろうか。

7 二回とも同じ人の上に転落した赤ん坊

ヨチヨチとつたい歩きする赤ん坊には、誰もが目を細めるものである。笑ったと喜び、ひとつ言葉をしゃべったと喜び、ハイハイを始めたと喜び、立ち上がったと喜ぶ。

イギリスの高層アパートの一室に生まれた赤ん坊もそうだった。そのとき、赤ん坊はちょうどつたい歩きができるようになったばかり。母親も父親も成長したわが子の愛らしい姿に笑顔を絶やさず、一家から笑い声の聞こえない日はなかった。

一九七五年のある日、赤ん坊が十四階のバルコニーに出てしまったのは、母親が目を離した一瞬のあいだだった。部屋のなかをつたい歩きして窓際までたどりついた赤ん坊は、開いていた窓を通り抜け、バルコニーに出た。十四階から下を見おろすことの恐怖感など、一歳に満たない赤ん坊にあるはずもない。

バルコニーじゅうを探検した赤ん坊は、はるか下を通りすぎるクルマや人に興味をもちだした。スイスイと流れるクルマ。豆粒のようにうごめく小さな人の波。

手すりのすきまから手を出した赤ん坊は、クルマや人を手に取ろうと身を乗り出してしまった。頭が重く、重心の高い赤ん坊は、それこそ街並みに吸いこまれるように、落下していったのだ。

その瞬間、アパートの下を歩いていたのは、ジョセフ・フィグロックだった。いつものように通い慣れた道筋を歩いていた彼を、強い衝撃が跳ね飛ばした。気を失った彼はその物体が何だったのかは覚えていない。

運びこまれた病院で、それが十四階から転落した赤ん坊だったこと、自分も赤ん坊も命をとりとめたことを知らされた。

回復したフィグロックは、ふたたび事故に遭遇した道路を歩くようになった。何カ月か経つうちに、あの事故の生々しい記憶も少しずつ薄れてきた。

一九七六年五月十九日、事故があったアパートの下を通りかかる寸前、ふとフィグロックの脳裏に事故の記憶がよみがえった。そんな記憶を振り払うように足を進めると、予感どおりに一年前と同じ衝撃が全身を襲ってきたのだ。

落下してきたのは、またもや赤ん坊。一年前のあの事故の赤ん坊である。一年前に当ったのがフィグロックなら、今度もフィグロック。落下事故の偶然の一致に、赤ん坊一家もフィグロックも驚いた。

そして何より、今回もふたりそろって命拾いをしたことに胸をなでおろした。

8　三回もの絞首刑に耐え生き返った男

一八〇三年、オーストラリアのシドニーで、ある家に泥棒が入った。そして机の引き出しから金貨と銀貨を盗んだ。幸い被害にあったのはたいした金額ではなかったので、そのままならありふれた空き巣狙いの事件として、通りいっぺんの捜査をされて終わったかもしれない。

だが、犯人たちは、たまたまそのとき犯行現場を通りかかった警官に襲いかかり、殺してしまったのである。単純な空き巣狙いのはずが、一転して警官殺しの罪で追われることになった。

シドニー警察は仲間の仇を討つため、全力をあげて捜査をつづけた。草の根を分けるような徹底した捜査の甲斐あって、警察は名うてのゴロつき、ジョセフ・サミュエルズという男と、仲間のイサク・シモンズを逮捕した。

サミュエルズは逮捕されたとき、盗まれたのと同じ高額のコインを所持していたため、彼は窃盗および殺人罪で起訴された。

サミュエルズはそれをギャンブルで儲けた金だと主張し、目撃者も証言に立ったが、常日頃の行ないの悪さと、証言の信頼性が問題にされた。

ついに彼は、自分がその盗みに加わっていたことを自供したが、殺人のほうは否定。共犯として捕えられたイサク・シモンズが殺したのだと主張した。

これが決定打となった。数々の状況証拠と盗みの自白をもとに、つまり、殺人現場にいたという自白により法廷は彼に有罪判決を下した。その年の九月、彼は殺人罪で絞首刑にかけられることになった。

いっぽうのシモンズはいっさいの容疑を否定。いまだに拘留されていた。あまりに口が堅いのに呆れた警察は、彼に仲間の処刑を見せ、ショックを与えることにした。彼は警官に護送され、サミュエルズ処刑の現場に引き立てられることになった。

処刑の当日、サミュエルズは見物に集まった群衆に向かって、自分は無実の罪で処刑されようとしている、と訴えた。

「俺は確かに盗みはしました。だが、殺人にはいっさい手を貸してません。真犯人は、いま、みなさんの前にいるのです」

彼は言葉をつづけ、警官に護送されてきているシモンズのほうを見ていった。

「ほんとうの殺人者は、あそこにいます。イサク・シモンズという男です!」

群衆の目が自分に注がれるのを感じて、シモンズは抗議の叫びをあげた。

しかし、いったん群衆のあいだに生まれた疑惑は容易にはおさまらない。なにしろ、死を目前にして無実を訴えるサミュエルズの言葉には説得力があったのである。

やがて、興奮した群衆は、サミュエルズを救おうと処刑台に殺到した。そのはずみでサミュエルズの立っていた台が倒れてしまった。

すでに首に縄をまかれていたサミュエルズは、一瞬絞首台にぶらさがった。しかし、つぎの瞬間、ロープがぷつりと切れ、彼は地面に落ちた。

憲兵隊は見物人を押し戻し、処刑をやり直すことにした。サミュエルズは先ほどのショックで気絶したままだったので、処刑台の上にさらに樽がおかれ、その上に座らされたま
ま、死刑執行人はもう一度彼の首に縄をかけた。

支えの台がはずされ、サミュエルズはふたたび吊るされた。

だが今度はロープの結び目がゆるんでほどけ、サミュエルズの足が地面についてしまったのである。

群集は、口々に死刑の中止を訴えた。二度も助かるなんて、これは神がこの男の無実を知らせようとしているのにちがいないというのだった。

だが、決まりは決まりである。三度めにロープが首にかけられ、サミュエルズは乱暴に落とされた。しかし、三度めもまたロープが切れてしまったのである。

あまりの異常事態に、ついに死刑は延期された。そして、処刑に使用されたロープに何か細工がされていなかったか調査された。だが、そのときのロープは新品で、通常なら人ひとりの重さで切れるはずのないことがわかっただけだった。

結局、裁判自体がやり直され、サミュエルズは無罪放免になった。かわりにシモンズが警官殺しで絞首刑にされたのである。

しかし、もともとゴロつきだったサミュエルズは、この奇跡にあってもいっこうに悔い改めるようすはなかった。すぐさま以前のやくざな生活に戻り、またまた警察のご厄介になったそうである。

9 同じ名前で引き寄せられた殺人

人の名前や土地の名前が偶然にも一致していることから引き起こされる事件がある。

人の名はたいてい親がつけるものと決まっている。土地の名は何百年も前の先人が呼びならわし、今日まで親しまれて残っているものと相場がきまっている。いずれにしろ、その名をもらった当事者には関係がない。たとえ、人の名と土地の名が偶然に一致していることから不幸な出来事が起こったとしても。

そんな名前の一致からか、事件は起こってしまった。

ロンドンのグリーンベリー・ヒルにひとりの貴族が住んでいた。

名をエドマンドベリ・ゴッドフリ卿という。先祖伝来の地で静かに暮らすゴッドフリ卿は、そのまま与えられた余命をつつがなく閉じるはずだった。

卿の命が何者かによって奪われたのは、一九一一年のことである。

金品を狙った犯行か、恨みをもった者の復讐か。貴族の殺人事件にロンドン市民は驚き、警察は捜査にやっきになった。

犯人を絞りこんでいく過程で、捜査官はなぜか何度も同じ言葉を口にしているのに気がついた。最終的に絞られた容疑者は三人。

「グリーンベリー・ヒルで起きたゴッドフリ卿殺人事件の……」

「容疑者は、グリーン、ベリー、ヒルの三人……」

グリーンベリー・ヒルの、グリーンとベリーとヒル。土地の名前と殺人犯の名前の奇怪な一致。

証拠を固めに走りまわった警察は、三人を捕えてその役目を見事にはたした。

もちろん、法の番人である裁判所も、名前と土地の名の偶然の一致をことさらに取り上げることはしなかった。グリーン、ベリー、ヒルの三人は強盗殺人の罪で裁かれ、死刑をいい渡されて処刑されたのである。

これが、事件の全貌である。

名前の一致をのぞけば、世界各地でいつの時代にも起こっている強盗殺人事件となんら変わりはない。しかし、犯人の三人組の気持ちのどこかに〝グリーンベリー・ヒル〟という土地の名に対するこだわりがなかったと、誰がいいきれよう。

頭のすみに植えつけられた言葉への小さなこだわりが、自らの処刑に結びつく殺人事件を引き起こしてしまった、と考えられなくはない。

何気なく口にされる名前の一致が、凶器となることだってありうるのだ。

10 洞爺丸遭難から奇跡の生還を果たした男

戦後の海難史上最大の惨事

昭和二十九年九月二十六日、東北地方には大型の台風十五号が接近していた。台風の接近にともない、近海は激しい時化《しけ》にみまわれていた。

このため青函連絡船・洞爺丸は出航を見合わせていた。しかし、天候の回復を待たず、乗客一一二七名を乗せ、四時間遅れで函館桟橋を出航したのである。

ところが、その日の午後十時二十六分、洞爺丸はＳＯＳを発信、その後消息を絶つ。

すでに闇に閉ざされた海は大荒れに荒れており、乗客の安否が気遣われながらも捜索も思うにまかせなかった。

明くる朝、洞爺丸は函館港内で転覆し、無残にも船底を上に向けた状態で発見された。周辺で必死の救助作業がつづけられたものの、生存者は発見できない。

猛威をふるった台風は、洞爺丸の乗客をはじめ一二八〇人を超える命を海に散らし、五七名の行方不明者を出し、去っていったのである。

戦後の海難史上、最大級の犠牲者を出した事故となった。

最初に洞爺丸遭難の情報が入ってきたとき、永井勝郎さんの家族や同僚は不安になった。勝郎さんはその日、ちょうど仕事で出張していた函館から東京に戻る予定で、洞爺丸に乗っている可能性があったのである。

「どうか、無事でありますように」

だが、希望にすがる家族に追い撃ちをかけるように、遭難者のひとりとして「永井勝郎」の名が発表された。

遺体はまだ確認されていないが、乗客名簿にはたしかに永井さんの名前が載っているとの知らせも届いた。すでに、そのときには続々と犠牲者の遺体が収容され、乗客全員の命は絶望と報じられていた。

ところが、涙に暮れる家族のもとに、本人は元気な姿で帰りついたのである。

すでに彼は死んだものと思っていた家族はもとより、事故の見舞に駆けつけた人々は、大騒ぎになった。そして間違いなく本人であることを見て取った人々は、一転して喜びの渦のなかにあった。

彼はたしかにその日、洞爺丸に乗りこみ、乗船手続きをすませていた。だが、いつまでたっても出航しない船に苛立ち、こっそり出航まぎわに下船してしまったのである。

そして、そのとっさの決断こそが、未曾有の大惨事から彼の命を救ったのだった。

〝短気〟〝働き盛り〟がもたらした決断

奇跡的に事故を免れた永井勝郎さん本人に、そのときの状況を語ってもらった。

「仕事の帰りに乗船していたのですが、いつまでたっても出航しない。私は元来気短かなほうなので、乗務員に状況を聞いてみたが、それでもはっきりしないんですよ」

当時、永井さんは三十五歳の働き盛り。会社の監査役をつとめる彼は函館、札幌、小樽の支店をまわって、また函館から東京に戻る予定だった。

函館桟橋に着いたときには、すでに台風による時化が強かったため気になったものの、見送りにきた地元の人が大丈夫だというので、そのまま乗船したのだという。

洞爺丸の出航間際に強引に下船し助かった永井勝郎さん。当時は出張の途中だった

だが、大幅な出航の遅れにあい、せっかく青森からの乗り継ぎにそなえて東京までの特急列車の切符を用意していたというのに、すでにそれにも間に合わなくなっていた。

あまりの遅れにいらいらしてきた彼は、何度も乗務員をつかまえては、はっきりした状況を聞こうとしたという。だが、乗務員は永井さんに対して、

「もうしばらくお待ちください」

「ちゃんと出るから大丈夫、船内でお待ちください」

などと決まり文句のように繰り返すだけ。いつ出航するのかはぜんぜんわからない。

十四時四十分出航の予定だったというのに、あたりは暗くなってきていた。時化も相変わらずひどく、天候も回復するようすはない。

青森に着いてももう電車はないし、それなら無理して帰らず、函館の知人宅に泊めてもらおうという心づもりもあったため、永井さんが、

「これ以上時間がかかるようなら下船したい」

というと、乗務員は、

「タラップはもうはずしました。降りられません」

といって、まったく相手にしてくれない。

「いろいろ聞いてもわからないし、船内放送はさっぱりしないし、強引にでも降りようと思ったんです。ふと下を見ると船員が出入りしているところがある。あそこから出ればいいや、と黙ってこっそり抜け出してしまった。そのため、乗船名簿には残っていたので、あとで大騒ぎになってしまいました」

洞爺丸は、永井さんが下船してまもなく出航した。あと少し待っていたら、ほかの乗客たちと運命をともにしていたはずだった。

まさに、間一髪助かったのである。

出航間際に降りた、もうひとりの男性

じつは、永井さん以外にも、洞爺丸に一度乗船したものの、いつまでも出航しない船に

業を煮やして降りてしまった人がいる。

当時北海道大学の学生だった川村久雄さんは、青森の実家に帰るために洞爺丸に乗っていた。だが、予定を一時間以上すぎても出航する気配がないため、下船を決意。船員がタラップを下ろしてくれなかったので、船の事務長に直談判。三十分ほどたってやっと下船許可がおりた。永井さんが降りたのは、これよりさらに二時間くらいあとのことになる。

大学の寮に帰った川村さんは、翌日、寮の裏手の海で連絡船が転覆しているというので友人たちと見に行き、救助作業を手伝った。

そのときはまさか、転覆しているのは昨日自分が乗ろうとしていた船だとは思わなかったという。あとでその事実を知った彼は激しいショックを受けた。

永井さんがつくづく運命の皮肉を思うのは、下船するときにつぎのような情景を見たからである。

「私がこっそり下船したとき、遅れた汽車でやってきた人たちなのでしょう、暗くて顔ははっきり見えませんでしたが、『船がまだいるじゃないか』『よかった、なんとか間に合った』などと口々にいいながら、私と入れちがいに船員出入り口から乗りこんでいった人たちがいるのです」

沈没する運命の船に、不運にも間に合ってしまった人たち。

だがもし、ほんのわずか出航するのが早かったなら、永井さんのほうが船と運命をともにし、その人たちのほうが助かって、船に遅れたことを神に感謝していたのかもしれないのだ。

偶然のいたずらにより、九死に一生を得た永井さんの命と、まさに引き替えになったかのようにその命を失った人たちなのだ。

永井さんは洞爺丸の事故を思い出すたび、そのときの情景が浮かび、運命的なものを考えさせられるのだという。

第2章

与えられた人生？
世界史に登場する運命的な奇妙な一致

11 ノルマンディ上陸作戦とパズルの答

「そんなばかな！」

イギリス情報部は騒然となった。

第二次世界大戦末期の一九四四年、アメリカ、イギリスを中心とする連合軍はフランスを占領下におくナチス・ドイツを打ち破るべく、極秘の作戦を進行中であった。

ノルマンディ上陸作戦である。これを機として、勝利の女神は連合軍側に微笑み、ヒトラーは愛人とともに覚悟の自殺を遂げる。歴史の転機となった有名な軍事作戦である。

もちろん、それに関する情報はトップ・シークレット。軍でも、上層部のごくわずかな人間しか知るはずのないものだ。

その作戦の、しかもトップ・シークレットの暗号が、どうしてこんなところに載っているんだ！　みな、自分の目を信じることができなかった。

情報部のみんなの目が注がれているのは、イギリスの新聞デイリー・テレグラフ紙。誰もがふだんスタンドで買って読む、ごく普通の新聞である。

問題になったのは、この新聞のクロスワード・パズル欄だ。

一九四四年五月七日の正解は「UTAH」

同じく五月二十二日は「OMAHA」

五月二十七日は「OVERLOAD」

五月三十一日は「MULBERRY」

六月一日は「NEPTUNE」

この五つの単語は、一見してとくに意味のつながりはない。いかにもクロスワードの答えに使われそうな字数の言葉だ。

だが、その五日後の六月六日に決行されたノルマンディ作戦に使われた暗号は、「UTAH」「OMAHA」「OVERLOAD」「MULBERRY」そして「NEPTUNE」。まさにこれとまったく同じ言葉だったのである。

極秘の暗号が、その作戦のまさに直前、新聞に堂々と掲載されたのだ。そしてクロスワード・パズルを解けるだけの頭のある人なら、誰でもわかったはず。もちろん、その裏に秘められた意味まで見抜けるかは別として。

スパイの仕業ではないのか? だが、これがナチスのスパイまたは裏切り者の内通者の仕業だとしても、手に入れた情報をこんな形でわざわざ新聞に載せる必要があったのだろうか。黙ってすみやかに伝えればすむことではないか。

幸いノルマンディ作戦は成功した。結局、ナチスには情報が洩れていなかったということになる。連合軍は勝利をおさめ、ついにナチスの悪夢はヨーロッパから去りつつあった。

だがもちろん、これだけの明白な一致がある以上、情報部は事件を放置するわけにはいかない。これほどの極秘情報が洩れていたとしたら、今後の国家の安全にかかわる重大事だからだ。

パズルの作成者が呼び出された。彼の名前はドー。職業は小学校の教師。とりたてて目立つところがあるわけでもない、学校での評判もそこそこの男だった。

取調べ担当者の物腰は丁寧だったが、質問は執拗につづけられた。

「あなたがクロスワード・パズルを考えていたとき、どうしてこの言葉を解答に選んだのですか？　何かわけがあるはずです」

「単にそのとき頭に浮かんだ言葉を使っただけです。字数も適当だったし……」

「頭に浮かんだときのことを詳しく思い出してください！」

「そんなこといわれたって……。いつもと同じにつくっただけですよ」

もちろん、ドーの身のまわりについても徹底的に調査がなされた。身元や勤務状況はもちろん、何か変わったところはなかったか、金には困っていなかったか、不審な人間とのつきあいはなかったか、最近旅行に行ったことはないか……。

だが、何ひとつおかしなところは見つからなかった。また、いくら尋問を受けても、ドーは「これらの言葉がなぜ自分の頭に浮かんだのか、まったく見当がつかない」としか答えることができなかったのだ。

結局、判明したのは、彼がごく普通の教師であり、イギリスじゅうにいるクロスワード・パズル愛好者のひとりにすぎないということだった。

なぜ彼がこれほどまでにぴったりと、暗号と一致する言葉を使うことができたのか。まるで連合軍を相手に、手のこんだ冗談でも仕掛けたかのように。

だが、その疑問はついに解けることなく、謎のまま残されたのである。

12　悪魔の化身か、ヒトラーと数字の666

第一次世界大戦で敗戦国となり、不況と社会不安にあえぐドイツ。つつましい役人の息子として生まれながら、人々の不満のエネルギーを利用してカリスマとなり、ここにナチス独裁政権を築き上げた男、アドルフ・ヒトラー。

飽くなき対外侵略によって第二次世界大戦を引き起こし、ヨーロッパをふたたび戦火に

数秘術によると悪魔の数字６６６が当てはまるというアドルフ・ヒトラー

まきこんだだけではなく、ドイツ・アーリアン民族の優越をうたい、アウシュビッツをはじめとする収容所で、数えきれない数のユダヤ人を迫害し虐殺。

その非人道的な行為は、いまもなお世界じゅうの人々の胸に暗い影を落としている。

ところで、このヒトラーについて、数秘術を研究するある学者が、興味深いことをいっている。

数秘術の方法によれば、アルファベットのAの文字に１００という数字をあてはめ、順にBを１０１、Cを１０２と置き換えていく。このように、ヒトラー（HITLER）の六文字のスペルすべてを数字に置き換え、その数字を合計するのである。Hは１０７、Iは１０８、Tは１１９、Lは１１１、Eは１０

4、Rは117にそれぞれ置き換えることができ、そのすべてを合計すると、そこには666という数字が現われるのだ。

じつは、この666という数字は悪魔の数字なのである。

映画「オーメン」で六月六日の六時に生まれたダミアンが、悪魔の子として登場するのにはこういう背景がある。この数字は聖書の「ヨハネ黙示録」にも登場する。

黙示録では、この数を「獣の数字」とし、ローマの暴君、ネロを示す。皇帝ネロはキリスト教徒を迫害し、殉教者たちがライオンの餌食となるのを、貴族たちとともにコロセアムで見物したと伝えられている。皇帝ネロとユダヤ人虐殺で悪名高いヒトラー。

これは単なる偶然なのだろうか。

13

数字「13」のジンクスに翻弄された人々

ナンバー「13」が死に結びついた詩人

日本では「4」の数字が「死」を連想させるものとして嫌われるように、欧米では

「13」という数字を避ける習慣がある。

これが縁起が悪い数となったのは、新約聖書に由来する。キリスト処刑前の「最後の晩餐」の人数が十二人の弟子とイエス・キリストを含めて十三人だった。

また、その晩餐の席でキリストが予言したとおり、わずか銀貨三十枚と引き換えにキリストをローマ軍に売り渡したのが、そのとき十三番めの席についていたユダだったからだといわれている。

キリストが処刑されたのが金曜日だということで、十三日の金曜日は非常に縁起が悪いとされているのも、これに由来するらしい。

とくに「最後の晩餐」の故事からか、欧米ではディナーやパーティーの人数が十三人になってしまうのをいやがるようである。

十九世紀のイギリスの詩人マシュー・アーノルドについての逸話のひとつとして、彼がこのジンクスに挑戦し、そして犠牲になった話が伝わっている。

ある日彼は、友人の画家エベレット・ミレー宅のディナーに招かれた。この日は思わぬ欠席者があり、食卓を囲んだのはたまたま十三人だった。

当時よくいわれていた迷信のひとつに、「十三人で食卓を囲んだ場合、いちばん早く席を立ったものが一年以内に死ぬ」というのがあった。

キリストの最後の晩餐のとき、やはり最初に席を離れたのが裏切り者のユダであったため、それを真似るのは不吉なこととされていたのである。ちょうど日本の場合なら、「三人並んで写真を撮ると、まんなかに写った人間が早死にする」といった感じの迷信といえるだろう。

このときも招待客のひとりがこの迷信をもち出した。話のはずみではあったのだが、楽しかるべき晩餐に、なんとなく暗い気分が漂いはじめた。

マシュー・アーノルドは、この種の迷信が嫌いだった。そしてわざわざそんな話題をもち出すような気のきかない客も。

彼は笑っていった。

「そんなことあるもんか。それに、もし十三人のうち何人かが同時に席を立ったらどうなるんだい？」

そして、親しくつきあっていたふたりの青年に、

「それならわれわれが一緒に席を立ってやろうじゃないか」

と、誘い水を向けた。

ふたりの青年も笑ってこの冗談に同意した。そこで三人は同時に席を離れ、早めにミレー家を辞することになった。

「それではみなさん、さようなら。これで残りのみなさんは安全ですよ」

ところが、それから一年もしないうちに、マシュー・アーノルドは心臓発作に倒れ、そのまま帰らぬ人となってしまったのである。

そのとき一緒に席を立ったふたりの青年も、無事ではすまなかった。ひとりは水難事故にあい不運にも溺死。もうひとりは自殺してしまった。

このように極端な例はともかく、いまだにホテルの室番などでも「13」という数字は避けられる傾向にある。階段が十三段めで終わるのは、死刑囚の昇る絞首台の階段と同じで験《げん》が悪いともいわれている。たとえ心から信じているわけではなくても、運命を試すようなことをしたくないのは人情だろう。

「13」をラッキーナンバーにした作曲家

だが逆に、この不吉な数字を愛した男もいる。

その名はリヒャルト・ワグナー。「トリスタンとイゾルデ」「ローエングリーン」「ニーベルゲンの指輪」など、いまも世界じゅうのファンに愛される数々の壮大なオペラをうみだした、十九世紀ドイツの誇る作曲家である。

一八一三年生まれで、名前がちょうど十三文字（Ｒｉｃｈａｒｄ　Ｗａｇｎｅｒ）、愛する母の名前も自分と同じく十三文字だった彼は、「13」という数字が自分に幸運をもたらしてくれるにちがいないという思い入れがあった。そのため不吉として避けるどころかラッキー・ナンバーとして愛用していたという。

だが、ワグナーはそれによって不幸を招くことはなかったようだ。むしろ思い入れあったがゆえか、わざとラッキー・ナンバーを狙ったのか、彼の人生が「13」に縁があったのは間違いないようである。

彼が学校教育を終えたのは十三歳のとき。彼の出世作でもあり、漂泊の詩人の魂と肉の戦いを描いたオペラ「タンホイザー」を書きあげたのが三月十三日。彼の称号となった管弦楽団長名の（Kapell　Meister）も十三文字。

その後も精力的に活動を続け、七十歳近くで大往生を遂げるまで、十三人のご婦人と恋に落ち、十三のオペラを完成させた。

すべてを終えた彼が安らかに天に召されたのは、一八八三年二月十三日のことであった。

もうひとつ「13」が幸運の数字となった例がある。

一八九八年六月六日、二五〇〇人の乗客を乗せて、ケープタウンからイギリスに向かっていた船「ドラモンド・カースル号」はフランス沖で暗礁にぶつかった。

船は三十分ほどで沈没。ほとんどの乗員、乗客が死亡した。

ただひとりだけ、十三号の船室に乗っていたシャルル・マカールは、一晩じゅう浮遊木につかまって漂流したのち、奇跡的に近くを通りかかった漁師に発見されたのだった。

14 ケネディとリンカーンの奇妙な一致点

暗殺の状況、暗殺者などが不思議に酷似

アメリカ合衆国第十六代大統領エブラハム・リンカーンと第三十五代大統領ジョン・F・ケネディ。アメリカの政治史上、もっとも悲劇的な死を遂げたふたりの大統領。

彼らには、まるで運命の糸で結ばれていたかのような、驚くべき偶然の一致が確認されているのだ。

一八四六年、リンカーンは初めて議会に選出された。そしてそのちょうど一〇〇年後、ケネディも初めて議会に選出される。

リンカーンが南北戦争の時代に奴隷解放を公約にかかげて選挙に勝利、みごと大統領に

100年違いで暗殺の状況などあらゆることが符号するケネディとリンカーン

当選したのは一八六〇年のことだった。それに対し、ジョン・F・ケネディが「穏健な進歩派」として、民主党から大統領に選出されたのは一九六〇年。これもちょうど一〇〇年後のことである。

ふたりはともに、黒人の市民権に深い関心をもっていた。リンカーンは奴隷解放を宣言し、ケネディの時代は黒人の権利平等を訴える公民権運動が盛り上がりを見せた。

彼らの死にも、不思議な偶然の一致が見られる。

リンカーンはフォード劇場で、うしろから頭部を撃たれて死亡。ケネディはテキサス州ダラスを訪問中、フォード社のリンカーンに乗っているところを、ライフルで狙い撃ちされ、弾丸はケネディの後頭部を吹き飛ばした。

そして、暗殺の直前、ケネディのダラス行きに反対した彼の私設秘書の名は、イブリン・リンカーンというのだ。

どちらも同行していた大統領夫人の目の前での暗殺。その日はともに金曜日であった。

彼らの死後、そのあとを継いだのは、ともに南部出身の副大統領で、その名前はふたりともジョンソンだった。

リンカーンのあとを継いだ副大統領アンドリュー・ジョンソンは一八〇八年に生まれ、ケネディのあとを継いだ副大統領リンドン・ジョンソンは一九〇八年に生まれた。これも偶然に一〇〇年違いである。

暗殺者のほうにも、いくつかの一致が見られる。

リンカーンを暗殺した男、ジョン・ブースは、劇場でリンカーンを殺害後、倉庫へ逃亡。ケネディを殺害したといわれるリー・オズワルドは倉庫の窓から引き金を引き、その後劇場へ逃げこんだとされている。ジョン・ブースは裁判を受ける前に、公衆の面前で射殺された。リー・オズワルドも大衆の前で射殺されている。

また、オズワルドは、ブースが生まれた一八三九年のちょうど一〇〇年後にあたる一九三九年に生まれているのである。

リンカーンとケネディ。このふたりには、数々の奇妙な一致点が存在していたのである。

任期半ばで死亡した歴代の大統領

また、アメリカの大統領に関してよくいわれるのは「ゼロ・ファクター」というジンクスの存在である。ゼロ・ファクターとは、最後にゼロのつく年に選出された大統領は、任期を全うせずに死亡するというものだ。

この奇妙な一致は、一八四〇年選出の第九代大統領、ヘンリー・ハリソンにまで遡る。彼は任期終了前に肺炎で死亡している。

それ以降のゼロ・ファクターの犠牲者は、つぎのとおりである。

一八六〇年選出　第十六代　エイブラハム・リンカーン　暗殺
一八八〇年〃　第二十代　ジェームズ・A・ビーフィールド　暗殺
一九〇〇年〃　第二十一代　ウィリアム・マッキンレー　暗殺
一九二〇年〃　第二十九代　ウォーレン・G・ハーディング　食中毒か肺炎
一九四〇年〃　第三十二代　フランクリン・D・ルーズベルト　脳出血
一九六〇年〃　第三十五代　ジョン・F・ケネディ　暗殺

一九八〇年選出のレーガン大統領は、このジンクスから逃れることができた。だが幸い死を免れたものの、彼も暗殺未遂の目にはあっているのだ。

現在ではマスコミを総動員し、華やかでシビアに繰り広げられる大統領選挙。だが、その裏には、このように奇妙な偶然が隠されていたのである。

二〇〇〇年選出の大統領はいない。

15 四〇〇年を経て生まれ変わった芸術家

ボローニャ博物館の聖アグネス像

画家とモデル。

その女性を描きたいと思う画家と、そう思われた女。画家とモデルのロマンスはよくある話である。が、イギリスのラファエル前派の画家で詩人のダンテ・ガブリアル・ロセッティ（一八二八〜一八八二）と、そのモデルとなった女性の話は、一風変わっている。

ロセッティのお気に入りのモデルは、エリザベス・シドルという女性だった。小ぶりな目鼻だちで赤味がかった髪をもった彼女は、スレンダーな肢体の魅力的な人。ロセッティは創作意欲をかきたてられ、つぎからつぎへ彼女を描いた。

いまでもロセッティの初期の作品のほとんどに彼女の姿が見られるといわれるほど、ロセッティはエリザベスに思い入れていたのである。

ふたりが出会ったのは一八五〇年のこと。エネルギッシュに活動する画家とポーズをとるモデルは、濃密な十年間を経て、一八六〇年に結婚した。

こんな画家とモデルの結婚も、美術史にはよくあることだ。

画家に描かれるモデルにすぎなかったエリザベスだが、彼女は結婚後、ロセッティの影響を受け、しだいに芸術家としても世間に名を知られるようになっていった。おたがいに芸術家として高めあう結婚生活は順風満帆にも見えた。しかし、破局は意外にも早くやってきてしまった。

それは六二年二月のこと。エリザベスがこの世を去ってしまったのだ。死因ははっきりしなかったが、エリザベス自身の芸術上の悩み、芸術家である夫と自分とのはざ間の苦しみからの自殺ではないかと、人々は噂した。

後年、遺体を発掘した際、彼女の豊かで美しい髪の毛は棺桶を埋めつくすほどに伸びていたという。彼女のロセッティへの愛情は、死後も髪を成長させるほどに深く、強かったのである。

ロセッティとエリザベスの奇妙なエピソードは、そんなふたりが蜜月をすごしていたころに遡る。偶然の一致を指摘したのは、ひとりの批評家だった。批評家が目をつけたのは、エリザベスをモデルにした一枚の絵。

絵はロイヤル・アカデミー（王立美術院）で発表されたもの。

「この絵のモデルは、聖アグネスの肖像にうりふたつだ。まったく似ている。たしかあの絵はイタリア・ボローニャの博物館に収蔵されているはずだ」

聖アグネスとは、純潔と少女の守護聖人。三世紀ローマ・カトリックの殉教者である。聖アグネスが殉教したように、批評家の発見からほどなくしてエリザベスは、ロセッティとの芸術生活に殉教したのだった。

輪廻転生を確信した傷心旅行

あらんかぎりの精魂をかたむけてエリザベスを描いていたロセッティは、エリザベスの自殺に立ち直れないほどの衝撃を受けた。書きかけの詩の原稿をすべて彼女の遺体とともに埋葬してしまったというのだから、そのショックは他人にはうかがい知れないほど大きなものだったようである。

埋葬をすませたロセッティは絵筆をとることをせず、傷心の旅に出た。

イギリスからドーバー海峡を渡り、ヨーロッパ大陸に上陸した彼は、ヨーロッパ各地を点々と巡りながら傷心をいやした。

南に向かって歩を進めたロセッティは、やがてイタリアに入国した。そして、まるで何かに引き寄せられるように、ボローニャへ。

ボローニャの博物館で彼を待っていたのは、あの聖アグネスの肖像だった。

博物館の壁に架けられた聖アグネスの肖像は、ありし日のエリザベスのごとくにロセッティの目前に出現したのである。出会い、惹かれ、突然の自殺によってピリオドを打たれるまで、彼のいちばん近くに寄り添っていたエリザベスが、そこにいた。

「…………!!」

驚くロセッティ。その彼を見おろす聖アグネス。

「いったいこのモデルは誰なんだ!?」

その問いかけに館員は答えず、しまってあったその絵の作者の肖像を差しだした。

「…………!!」

ロセッティは驚愕するほかなかった。

自分が描いた絵とそっくりな絵を描いていたのは、なんと自分自身だったのだ。いや、正しくは、ロセッティではなく、アレジオレリという十五世紀の画家。アレジオレリの肖像を見つめながらロセッティは、自分とエリザベスが輪廻転生していたことを確信した。四〇〇年あまりの歳月を経て生まれ変わったロセッティとエリザベスの結婚生活の破綻は、あらかじめ予定されていたものだったのである。

傷心旅行を終えたロセッティはふたたび絵筆をとり、人間の生まれ変わりを強く信じる画家となった。

ロセッティは、一八八二年、この世を去った。

16 予言に従い生涯写真を撮らせなかった国王

写真を公表すれば死ぬという予言

イエメンといえば、石油の産出国として知られる小さな国。アラビア半島の南西部に位置するイエメンは、回教徒が国民の大部分を占める専制君主国である。

そのイエメンに、かつて、ヤフヤー・ハミッド・エル・ディーンという国王がいた。

ヤフヤー国王は、一八六九年に生まれ、一九四八年、八十二歳で亡くなるまで王位についていた。

ヤフヤー国王がまだ幼かったとき、ある占い師が国王に向かってこう予言した。

「ヤフヤー国王にご忠告申し上げます。これからのヤフヤー国王のご生涯において、何人《なんぴと》たりにとも、決してお写真を撮らせてはいけません。もしも、万が一、国王のお写真が公の場にご披露されることがございましたら、必ず、ヤフヤー国王の身に、一命にかかわる一大事がふりかかることになりましょう。ただ、そのひとつにおいてのみお気をつけていなされば、国家はご安泰で、ヤフヤー国王の治世は長くつづくであろうことをお約束申し上げます」

なんとも信じがたい話に、私たちならば一笑に付してしまうところである。しかし、一国の主君であるヤフヤー国王にとっては、信じるにたる予言だったのである。

ヤフヤー国王に限らず、国王というのは、いつクーデターが起こって失脚の憂き目にあうかわからない状況にある。ゆえに、さまざまなことに慎重にならざるをえないのだ。

ヤフヤー国王はこの話を信じ、その生涯において写真を撮影することをいっさい認めなかった。それどころか、彼の面前でカメラを使用することそのものを固く禁じたのだ。

これは二十世紀の話なのだから、一国の王が、予言を信じてその肖像写真をいっさい公表しないという事実は、それだけでも興味深い話である。

イタリアの画家が描いた国王の肖像画

『信じようと信じまいと（Believe It or Not）』の著者として世界的に有名なリプレーが、このヤフヤー国王の話に興味をもったのも当然といえよう。

カリフォルニア生まれのロバート・レロイ・リプレーは、世界じゅうを旅してまわり、各地の不思議な風習や奇妙な伝説、目新しい光景などを独自の漫画とコラムでスケッチして歩いた。それをまとめたのが前述の著書である。

リプレーは、およそ三十年のあいだに、のべ二〇一カ国を訪れたという。そのなかには、日本も含まれており、高知県の尾長鶏や外国人客の多かった箱根富士屋ホテルなどのレポートが残されている。

リプレーが世界じゅうの新聞に『信じようと信じまいと』の記事を発表していたのは、二十世紀初頭のことであるから、世界旅行などまだまだ夢のような時代である。アフリカやアジアの生活習慣は、欧米人にとってどれだけものめずらしく新鮮に映ったかは、はかり知れない。

各地の新聞は、リプレーのレポートを心待ちにしていた。

あるとき、リプレーは〝写真を撮らせない国王〟がいるという話を聞き、さっそく取材を申し込んだ。

もちろん、国王の写真を掲載することはできない。リプレーは国王の許可を得て、その肖像画を新聞に掲載することにした。

一介の旅行コラムニストであるリプレーが、直接ヤフヤー国王に面会できるはずもないので、肖像画は以前ヤフヤー国王と面会したことがあるというイタリアの画家の絵を掲載した。

このイタリア人の画家の手による肖像画というのも、国王を前にして描いたものではない。一時間ほど面会することができた画家が、自分の脳裏に焼きつけたヤフヤー国王の容貌を思い出しながら描いた作品である。が、その真に迫ったスケッチは、八十二歳の老国王を見事に描いていた。

一九四八年二月二十日、リプレーの取材記事とヤフヤー国王の肖像画がアメリカの新聞に掲載された。

「ヤフヤー教主――このイエメン国王は、国際連合に加盟している国の首席のうちでたったひとりだけ、決して写真を撮らせない。その理由というのは、もし写真を撮られ、配布されれば、たちまち、天罰があらわれ、一命を失うだろうという占い師の予言によるものだった」と——。

予言どおり肖像画公表と同時に暗殺が

すると、ヤフヤー国王の肖像画が掲載され、アメリカじゅうに配布されたのとちょうど同じ日、国王の身に不幸が起こってしまったのである。

同日、エジプトのカイロの新聞は、ヤフヤー国王と三人の息子たちが、何者かによって暗殺されたことを報じていた。

彼らが暗殺されたのは、時間的にいって、国王の肖像画がアメリカの新聞に載り、新聞販売店のスタンドに並んだ時刻と一致しているという。

一九四八年二月二十日金曜日付の『タイムズ・ヘラルド紙』は、イエメン国王の死をつぎのように報道している。

「イエメン国王と息子たち暗殺さる！（エジプト・カイロ発二月二十日ＡＰ至急報）アラブ王国からの至急報によれば、イエメン国王、ヤフヤー・ハミッド・エル・ディーン（八十二歳）と、十六名の息子のうち三名、および主任顧問が暗殺された。そこで、ただちに新王が選ばれ、新政府が樹立したという布告を、昨日見たという。至急報は、国王の死の詳細を伝えていないが、当地（ニューヨーク）の在留イエメン人団は、つぎのごとき所信を表明した。すなわち、『これは、王位継承に関し、しばしば王子たちのあいだで行なわれた陰謀計画のひとつのあらわれで、国王はその犠牲になられたのである』と」

イエメンのヤフヤー国王は、このようにして非業の最期を遂げたのである。

長いあいだ、写真を拒否しつづけていたにもかかわらず、ただ一度、面会しただけの画家が残した肖像画によって、命を落とすことになろうとは思いもよらなかっただろう。

ヤフヤー国王の長年の憂いは、ついに事実となってあらわれ、彼の肖像画の公示は国王を死へと導いてしまったのだ。

信じがたいことであるが、この恐ろしい偶然の一致も現実に起きたことなのである。

17　五〇〇〇キロ離れた故郷にたどりついた棺

頑固な親子のかけ離れた夢

望郷の念が思わぬ奇跡を呼ぶこともある。死んでから長い長い家路をたどり、無事に故郷に帰り着いたひとりの男がいた。

これは十九世紀後半、当時を代表するシェイクスピア劇の俳優であったチャールズ・F・コクランの話だ。

チャールズ・F・コクランは一八四一年に、カナダの東海岸にあるプリンス・エドワード島で生まれた。女の子なら一度は夢見たあの「赤毛のアン」の舞台としても有名な美しい島である。

コクランの一族はアイルランド系で、真面目で高潔ではあるものの、困ったことにその頑固さでも有名な家系だった。

一族は貧しかったが、チャールズは成長すると、その非凡さを惜しんだ親族や隣人たちの援助でイギリスの大学に進み、修士号を取って卒業することができた。

ところが、前途洋々のチャールズに対する家族の期待に反して、チャールズ・コクランの夢は舞台俳優として成功することだった。驚いた家族は大反対。

なにしろ当時のこと。俳優などうわついた職業であると感じていた保守的な両親は、

「おまえがどうしても舞台をあきらめないなら、この家に出入りすることは許さん」

と、事実上の勘当を言い渡した。もちろん、息子が悔い改めて、もっとまっとうな道を歩んでほしいという親心であった。

だが、チャールズは舞台俳優への道をあきらめなかった。両親も勘当を解かない。さす

がに血がつながっているだけあって、おたがいとても頑固だったのだ。

その後、チャールズは順調にキャリアを積み、ちょっと皮肉屋の役が得意な味のある性格俳優として人気を高めた。のちに彼の演技のくせをコピーして映画で成功した俳優が生まれるほど、一世を風靡《ふうび》したのである。

だが、ほとんどイギリスとアメリカの舞台で活躍。忙しい日々にまぎれて故郷のことは忘れていた。

ジプシー占いの気になる予言

ある日、チャールズはジプシーの占い師に運勢を見てもらった。

占い師はつぎのように予言した。

「あなたは人気絶頂にあるときに、アメリカ南部の町で死ぬであろう。しかし魂は、あなたの故郷、プリンス・エドワード島に帰りつくまで決っして安まることはない。魂が永遠の安息につくまでは、長い苦難の道をたどるだろう」

故郷を捨てて成功への野心を選んだチャールズは、痛いところをつかれた。そのため、この占いを非常に気にした。忘れようとしても頭から離れないらしく、友人たちはたびたびこの話を聞かされたという。

占いを気にするあまり、ついに彼は一時期プリンス・エドワード島に戻って、舞台を踏まずに隠遁者のような生活をしてみたこともある。

しかし、なにしろ人気俳優のこと、ファンと世間はそんな生活をいつまでも許してはおかない。彼は舞台に復帰。アメリカの舞台でも以前のように活躍するようになる。

そして、一八九九年十一月二十九日。アメリカ南部の海沿いの町、テキサス州ガルベストンの劇場で、名優チャールズ・F・コクランは、得意のハムレットを演じているさなかに心臓麻痺で急死してしまったのである。

遺体は鉛をかぶせた棺に収められ、故郷から遠く離れたガルベストンの共同墓地に丁重に葬られた。

島の漁師が見つけたコケだらけの棺桶

ところが、翌一九〇〇年九月のことだった。恐ろしい規模のハリケーンがガルベストンの町を含む一帯を襲ったのである。

洪水が町の墓地をえぐり、埋葬されていた棺の多くがメキシコ湾に流されてしまった。そのなかに、チャールズ・コクランの遺体を収めたものも含まれていた。

驚いたのは彼の遺族である。チャールズの愛娘、ゲイトルート・コクラン・ピトウ夫人と彼女の夫で、かつてチャールズのマネージャーでもあったオーガスタス・ピトウ氏は、手を尽くし、多額の費用を投じて棺の行方を探したが、まったくの無駄に終わった。

チャールズの棺は見つからなかった。誰もが彼の遺体は、メキシコ湾の海底深くに沈んでしまったか、海のもくずと消えてしまったものと考えた。

それから八年がたった。一九〇八年十月のある日のことである。

プリンス・エドワード島の漁師たちは、いつものようにセント・ローレンス湾に漁に出た。すると、フジツボとコケのような海藻に覆われた箱のようなものが、島の近くの浅瀬に打ち上げられているのを見つけたのである。

近づいてよくみると、それはただの箱ではなく棺桶であった。

漁師たちが引き上げて開けて見ると、なかには銀の名札をつけた遺体があり、名札には地元出身の有名俳優チャールズ・コクランの名がまぎれもなく読み取れるではないか！

遺体は結局、チャールズが洗礼を受けた教会のとなりの墓地に運ばれ、なつかしい生まれ故郷の地にふたたび埋葬されることになった。

おそらくはあの洪水で海に流された棺は、海流に乗ってフロリダ半島を越えて大西洋を北上し、およそ五〇〇〇キロも離れたプリンス・エドワード島にたどりついたことになる。

チャールズ・コクランの遺体は文字どおり「長い苦難の道」をたどって故郷に帰りつい

たわけである。

こうしてジプシーの予言は成就した。

その後、彼の遺体は安息の眠りにつき、二度とその地を去ることはなかったのである。

18 意志があるかのごとく王の死を悼む時計

子どもの歌に『おじいさんの時計』という歌がある。

おじいさんが生まれた朝にやってきた時計が、一〇〇歳まで生きたおじいさんの死とともに止まってしまうという内容で、よく知られている歌なのでご存じの方も多いだろう。

時計というのは、家庭のなかに確固たる場所を得た最初の複雑な機械である。そして、その時を刻む音が人間の心臓の鼓動と重なって聞こえるため、大事にしている時計となんらかの出来事を重ねあわせて考えることは往々にしてあることだ。それほど、人間の生活に密着したものということができる。

また、だれかが死ぬと、その人の時計が止まって二度と動かなくなったという話は、民間伝承でもよく聞く。

これからお話するのは、そういった話のなかでもとくに有名な「死の時計」の話である。

この時計は、一五四〇年にヘンリー八世のためにつくられたものだが、その七年後の一五四七年に同国王が亡くなると、その亡くなった瞬間に止まってしまったのである。

豪放なヘンリー八世が他界したのち、皇位を継承したのは、対照的に神経質なエドワード六世であった。

このエドワード六世のときも、時計は王家の宝として大切に扱われていた。

そして、エドワード六世が弱冠十六歳で息をひきとったとき、また、時計は動きを停止したのである。まさに、敬愛する主人に対して、黙禱を捧げているかのようであったという。

同様な敬意が一六一九年、ジェームズ一世王妃アンに対してもはらわれた。彼女が死を迎え入れようとしていたとき、時計はちょうど時報を打っていたのだが、まさに王妃がこときれた瞬間、時計は時報を打つなかばで動きを止めてしまった。

それ以来、ハンプトン・コート・パレスで保管されているこの時計は、休むことなく、ずっと動きつづけているのだが、今世紀初頭、ハンプトン・コート・パレスで亡くなったジェーン・カッパージなる女性の死を悼んで、短いあいだ休止したことがあるという。

第3章

事実がフィクションを真似る?・
事件・事故を予言した小説

19 強烈なシンクロニシティを生んだタイタニック号

タイタニック号遭難を予言した小説

一九一二年、イギリスの豪華客船タイタニック号は、その輝かしい処女航海のため、イギリス・サザンプトンの港を出港した。乗客・乗員あわせて二二〇〇人余りを乗せたこの巨大な船は、一路目的地のアメリカ大陸へと向かって航海中だった。

ところが、四月十四日の夜のことである。タイタニック号はニューファンドランド南方の北大西洋上で氷山に衝突。船の腹には直径九〇メートルもの大穴があき、修復は不可能。沈没は避けられない状態となった。

不幸にしてこの船は「不沈船」とうたわれていたため、このとき船に積み込まれていた救命ボートは、わずか二十。とても乗客全員を乗せることはかなわなかった。

女性と子どもを中心に、救命ボートにすがりついた人々は、沈没に巻きこまれないよう、急いで船を離れていった。だが彼らの耳にも、あえて船に残ったオーケストラの一団が、死に行く人々の心をわずかなりとも慰めようと、タイタニック号が沈む直前まで賛美歌を

史上最悪の海難事故を起こしたタイタニック号は複数の小説に非運を予言された

演奏し、船に残った人たちがそれに合わせて歌っているのが聞こえたという。

ある老婦人は、救命ボートに乗りこむ権利を人に譲り、長年連れ添った夫と最後をともにすることを選んだ……。

このとき生と死に引き裂かれる人々のあいだでは、さまざまなドラマが生まれた。そして衝突からおよそ二時間四十分後、タイタニック号は一五一三人の命を道連れに、冷たい海中へと沈んでいった。

この事故は史上最悪の海難事故として、いまも語り継がれている。

ところで、このタイタニック号の悲劇を、それに遡ること十四年前に予言していた小説が存在する。

作家モーガン・ロバートソンは一八九八年、

『タイタン号の遭難』という小説を発表した。

この小説によれば、海に浮かぶ高級ホテルなみの設備をそなえた豪華客船「タイタン号」に乗りこんだのは、当時を代表する裕福な人たちであった。彼らはアメリカ合衆国への優雅な船旅を堪能していたが、船は北太平洋上を航海中に、氷山に衝突。タイタン号は多くの人命を道連れにあえなく沈没してしまう。

そして、小説家の生みだした架空の事件と、実際のタイタニック号の遭難のあいだには、恐ろしいほどの一致が見られるのである。

まず船名「タイタニック」と「タイタン」の類似。どちらも裕福な人々を乗せた豪華な船であったこと。

どちらの船も事故にあったのは処女航海のときで、いずれも四月に出港していること。

さらに、出港したのは、小説のタイタン号もタイタニックのときと同じくサザンプトンの港、目的地はアメリカ合衆国、事故にあったのは大西洋の北海航路であった。

そして氷山に衝突し、船体に大穴があいたのが沈没の原因とされている。

一致しているのは、それだけではない。船に関する細かいデータまで、かなり似通っているのだった。

船の全長は、小説のタイタン号が八〇〇フィート、タイタニック号が八八二・五フィート。両方とも七万五〇〇〇馬力の船で、氷山と衝突したときの速度は約二五ノットであった。また積みこまれていた救命ボートの数は、タイタン号が二十四、タイタニック号が二十隻。そして、どちらの船も救命ボートの不足が大惨事を招くのである。

自ら犠牲となった、もうひとつの予言の記者

タイタニックの遭難を予言していたのは、この小説だけではない。

「タイタン号の遭難」の出版されるさらに六年前の一八九二年、W・T・ステッドという記者が、ロンドンの「レビュー・オブ・レビューズ」紙に、海難事故に対する予防措置が不十分である、という主旨の記事を載せた。

この記事のなかでステッドは、巨大な定期船が北大西洋で氷山に衝突し、おおぜいの命が犠牲になるということを詳細に予言する短編を載せた。その記事はつぎのように締めくくられていたという。

「これは客船が救命ボート不足の状態で航海した場合、起きて不思議のない事故である。まさに起こるべくして起きた遭難である」

そして皮肉なことには、それから二十年後、彼は自分が予言した不吉な条件を満たす船、タイタニック号に乗船する巡り合わせとなった。

そして船とともに沈没した一五一三人の乗客のなかには、W・T・ステッドの名前もあった。彼は自ら予言した海難事故の犠牲となってしまったのだ。

タイタニック号の遭難の直前には、さまざまな人々がこの大惨事を予知したり、不吉な感じを受けたという報告もある。

SF作家のアーサー・C・クラークはその著書『超常現象の謎を解く』のなかで、タイタニックの遭難に触れている。

それによると一九一二年四月には、複数の人々が不吉な虫の知らせを感じて、この船への乗船を回避しているという。

J・コノン・ミドルトン氏は、船首を上向きにして漂っている定期船の夢を二度も見た。このため彼はタイタニックでの船旅をキャンセルしてしまった。

また船員のコリン・マクドナルド氏は昇進のチャンスだったのにもかかわらず、不吉な予感がしたため、タイタニック号での二等機関士の仕事を断ってしまった。

タイタニック号に関することがらを分析しているバージニア大学の精神医学の教授であり、超心理学に造詣の深いイアン・スティーブンソン博士は、タイタニック号の悲劇を予知した一例として、イギリスのストーク・オン・トレントに住むチャールズ・ヒューズ夫人の話を紹介している。

そのとき、彼女は十四歳だった。ちょうどタイタニック号が沈んだ夜に、彼女はストークのトレンザム公園のほうへ歩いていく夢を見た。するとすぐ近くに、とても大きな船が見えた。その上を歩く人影が見えるほどだった。すると急にその船が傾き、恐ろしい叫び声が聞こえたのだという。

彼女はうなされて目を覚まし、祖母にその夢の話をしてからふたたび眠ってしまった。そしてあとになって、彼女の叔父で祖母には息子にあたる四等機関士のレオナルド・ホジキンソンが、タイタニック号の事故で死んだことを知った。

スティーブンソン博士はタイタニックにまつわる同様の話を十九例ほど集めているという。また、カナダ・ウィニペグのメソジスト教会の牧師、チャールズ・モーガン氏は、礼拝の前にうとうとと居眠りをしていた。その居眠りのあいだ、彼はすさまじい水音と人々の叫び、そして古い賛美歌が歌われるのを夢に聞いた。

夢に強い印象を受けた彼は、その夜の礼拝の終わりに参拝者の人たちにその夢の話をし、夢のなかで聞こえていた古い賛美歌をともに歌った。

それは「聞いてください父よ。海の危険を免れるようにと祈る、私たちの声を」という歌詞のものだったという。

そのころ、沈みゆくタイタニックの上でも、最後の賛美歌が唄われていた。

直前に偶然の一致から逃れた貨物船

作家のアーサー・ケストラーはタイタニックの遭難にまつわる偶然に関する記事のなかで、ある航海士からの手紙を公開している。

この航海士は一九三九年、ちょうどタイタニック号の遭難現場にさしかかったとき、不吉な予感がして船を停止させた。すると巨大な氷山が不意に現われ、船にぶつかって損傷を与えた。

だが、そのときにはすでにスピードが落ちていたため、損傷は致命的なものとならず、乗員は全員生還することができた。

この船の名は「タイタニアン号」という。

だが、この話には異説がある。それによると、タイタニアン号が危うく遭難しかかったのは、タイタニック号の悲劇から二十三年後の一九三五年四月のことであった。

イギリスからカナダに向かう不定期貨物船の船首で、ウィリアム・リーブズという若い船乗りが見張りに立っていた。夜の当直に当たっていた彼は、やはり四月に起こった有名な海難事故タイタニック号のことを不意に思い出した。海は穏やかだったが、ウィリアムはなぜか前方の暗い海にいやな感じがするのを押さえることができなかった。

そのとき不意に彼は、タイタニック遭難の正確な日付を思い出した。いままさに彼が不安におののいているのと同じ、四月十四日の夜だったはずだ。

彼は耐えきれずに危険信号を発した。船は全速後退し、いきなり闇から現われた氷山までわずか数メートルのところでやっと止まった。まわりには危険な氷山がほかにも多数浮いており、救援の砕氷船がたどり着くまで九日間かかった。

奇しくもウィリアムの誕生日は、当直に当たったその日、四月十四日だったというのだ。

20　戯曲がキャロライン号遭難を予言

空想で書いたはずの話が現実に起こる——。人間は、潜在的に未来を感知する能力を与えられているのだろうか⁉

タイタニック号の遭難を予言した前述のモーガン・ロバートソンの小説だけでなく、何気なく書いた小説が、未来に起こる事件を予知していたという話は、ほかにもまだいくつも存在するのである。

一八八五年。アーサー・ローという劇作家は、ふとした思いつきで、ある戯曲を書き上げた。その内容は、キャロライン号という船が遭難する話で、沈没の恐怖のなか、乗客がつぎつぎに溺れ死に、最後にただひとりの男が生き残るというものだった。その唯一の生存者の名前はロバート・ゴールディング。

その戯曲が舞台で上演されると、「ダイナミックな海の設定とスリリングなストーリー展開に、観客は知らないうちに舞台のなかに引きこまれてしまう——」と絶賛され、たちまち、戯曲は評判になった。アーサー・ローにしても、かなりの自信作であったので、好評な舞台にたいそう気をよくしていた。

戯曲が上演された数日後のことである。

上機嫌で目覚めたローは、つぎなる戯曲のヒントでもないかと、朝、新聞をじっくり読もうと広げていた。そのとき、彼の目に飛びこんできた記事に、彼は心臓が飛び出るかと思うほど驚かされたのである。

『キャロライン号沈没！　生存者はただひとり』

まさしく、自分が書いたのと同じ名前の船の遭難記事に、彼はしばし、言葉もなかった。

しかし、それだけではなかったのである。

唯一生き残ったのも男で、その名は、なんと、ロバート・ゴールディングだったのだ!!

21　ポルノ小説がパトリシア・ハースト事件を予言

『黒の誘拐者』というポルノ小説を発表した、ジェームズ・ラシクという作家がいる。一九七二年のことである。

主人公はパトリシア。ある金持ちの娘で女子大生という設定だ。

ある日、パトリシアはボーイフレンドと一緒にキャンパスを歩いていた。そのとき、急に暴漢に襲われ、パトリシアは誘拐されてしまうのだ。

当初、この暴漢の単独犯行と見なされていたが、しだいにそれは、あるテロリストの集団が計画的に引き起こした事件であることが明らかになってくる。

そして、初めは抵抗していたパトリシアも、やがてテロリスト集団の思想に同調し、その仲間となってしまう――。

ところが、二年後の一九七四年、その『黒の誘拐者』が現実になってしまうのである。

パトリシア・ハースト事件がそれだ。実在するパトリシアは、新聞王といわれたハースト家の跡取り娘である。

彼女の誘拐事件が、全米の注目を集めることになったのはいうまでもない。全力を尽くして事件を究明していくうちに、ＦＢＩは、この事件の全貌とあまりにも酷似する小説が存在することを発見した。

そこで、ジェームズ・ラシクが容疑をかけられた。彼がこのパトリシア・ハースト事件に関わるテロリスト集団の一味なのではないかと思われたのである。

ある日、ＦＢＩに呼び出しを受け尋問されたラシクは、話を聞いて息が止まりそうになった。現実に起こった大事件が、まったくの創作で書いた自分の小説と同じだなんて！

彼が疑われたのも、無理もない話ではあるが、これはほんとうに完全なる偶然の一致だったのである。

もちろん、彼は事件となんの関係もなく、じきに無罪で釈放されたことはいうまでもない。

22 スパイ小説が世界的事件を連続予言

ジェラール・ド・ヴィリエ氏は、プリンス・マルコを主人公にしたスパイ小説シリーズで有名なベストセラー作家である。

小説本来のおもしろさもさることながら、ヴィリエ氏が作品のなかで起こした世界的大事件が、まさに現実となっているために、世界じゅうで話題になっている。

ヴィリエ氏は、そのシリーズのなかで、世界を震撼させた大事件の発生をいくつも予見しているのである。

たとえば、米海兵隊のグレナダ進攻を、実際の事件が起こる一年半近く前に出版したスパイ小説のなかで予言している。

この事件は、共産勢力が背後で圧力を加え、ビショップ首相を死刑にしたことが発端となって起こったものである。

それをヴィリエ氏の小説は、事態の進行まで見事に予知していたのだ。

それだけではない。ヴィリエ氏はほかにも、イランのパーレビ国王の国外追放と急逝を示唆。それも、現実に起こる四年前にである。

また、エジプトのサダト大統領の暗殺も、そのスパイ小説のなかで八カ月前に暗示している。

さらに、サンサルバドルのロメロ大司教の暗殺も、事件の二カ月前に小説上で発表しているのだ。

ヴィリエ氏の本を出版しているパリのブロン出版社の編集長E・ガナリ・アリ氏も、彼

の予知能力を評して、

「これらの世界的な大事件を前もって知るはずもないのに、まさしく驚異の人間だ」

と興奮気味に語る。

当の本人は、そんな周囲の人々とはうらはらに、

「私自身は超能力作家だとは思いませんね。一種のカンで書いたものですから。夢や直感などで、ふと思いついたものを小説に取り入れただけですよ。もちろん、関係者などから、内幕の情報は収集しますけどね。ともかく、フィクションの装いをとっているから真実が書けるのです」

と淡々と語っている。

それにしても、数々の世界的事件を小説のなかで予言してしまうヴィリエ氏には、どんな力が働いているのだろうか。

偶然の一致とはいえ、あまりにも数奇な出来事ではある。

第4章

偶然？　それとも呪い？
モノや場所に潜む未知のパワー

23 火事を招き、自らはなぜか燃えない少年の絵

新聞社に殺到した類似の火事の情報

一九八五年、イギリスで奇怪な事件が相次いで起こった。

当時、この出来事に真っ先に飛びついたのは、突飛な出来事、珍奇な話を好んで掲載する大衆紙「サン」であった。

その最初の記事はこうである。

この年、イギリスの南ヨークシャーでは、住宅の中身が全焼する火災が頻発していた。そして何より奇妙なことには、現場には必ず、ある絵画が決まって傷ひとつない状態のままに焼け残っているのだった。

その絵画とは、必ずしも同一のものではないが、二歳から五歳くらいの少年の絵である。かわいらしい顔をした幼い少年が、不自然なほど誇張されて描かれた大きく澄んだ瞳に、いまにもこぼれそうなほどにいっぱいに透明な涙を溜めている姿を描いたものだった。

少年の涙には切実な痛みや悲しみはうかがえず、見る人への甘えを含んだセンチメンタ

ルな表情をしている。いわゆる「涙うるうる」の顔である。

その絵自体には一見しておどろおどろしいところは何もない。見る人の好みにもよるが、絵柄はむしろショートケーキのように甘く愛らしいタッチで、ヨーロッパじゅうで人気のあるシリーズのひとつでもあった。

だが、真黒に焼け焦げた家のなかで、ただひとつ無傷で残るこの甘い感傷的な少年の絵に消防士が出くわす。そのような奇妙な出来事がすでに数十件にものぼっていたのである。

もちろん、その絵の存在と火事との直接の因果関係はわからないままであった。けれども、ヨークシャーの消防士のあいだでは、その燃えない絵のことはあまりに有名で、自分の家には決して飾らないのが常識となっている——。

という内容のものだった。

この記事が掲載された当日の一九八五年九月四日には、記事を読んだ読者から新聞社に電話が殺到した。そのなかには同じような少年の絵を飾っていて火事にあった人からの訴えがいくつもあった。

そのうちのひとり、ミッチャム在住のドーラ・マンは、

「絵を買ってわずか半年で我が家は丸焼けになってしまいました。泣く少年の絵だけを残して、壁に飾ってあった絵も全部焼けました」

と、電話に出た記者に訴えた。

またキルバーン市のサンドラ・クリスクは、自分と義理の妹、友人の三人が全員、その絵を買った直後に火事にみまわれたと話した。リーズ市のリンダ・フレミングとノッティンガム市のジョーン・マクーチョンも同様の話を「サン」紙に寄せた。

「サン」紙は、これらの反響に驚くと同時に、新たに寄せられた情報をさっそく翌日の紙面に特集として掲載したのである。

その後も新聞各紙を賑わせた火事と絵

しかし、事件はこれでおしまいにはならなかった。

「サン」に最初の記事が掲載された五日後、ボウトンのブライアン・パークスの自宅が炎上。そのとき運悪く家にいた妻と子どもふたりは病院に担ぎこまれた。

ようやく鎮火したあと、ブライアンは自宅の焼け跡を調べに戻った。そして、まるで彼と家族の不幸をあざ笑うかのように、唯一その場に焼け残っていた少年の絵を発見し、怒りにまかせて破り捨てたのである。

さらに十月九日、グレース・マーレイのオックスフォードの自宅が火事になり、彼女は重度の火傷を負ってストーク・マンデヴィル病院に入院した。しかし、彼女の飾っていた少年の絵はほとんど無傷で残っていた。

十月二十一日には、グレートヤーマス市にあるパヴェロ・ピザハウスが炎上。壁に飾られていた「涙にくれる少年の絵」を除いてすべて焼け落ちてしまった。

その三日後、ヘリングソープのケヴィン・ゴッドバーは、自宅が炎に呑まれてゆくのをなす術もなく見守っていた。彼が炎がおさまった焼け跡を見てみると、例の少年の絵だけが焼け残り、同じ壁に掛けてあったはずの両脇の絵は、跡形もなく燃えてなくなっていたのである。

さらに、その翌日のこと。マーシーサイドのアモス家が突然、爆発炎上した。だが、居間とダイニングルームに飾ってあった二点の「少年の絵」はなぜか焼け残った。

アモス氏は家を失くしたやり場のない怒りを、焼け残った絵に自ら手を下すことによって、わずかながらでも晴らそうとした。

これらの事件は、「サン」「デイリー・スター」「デイリー・メイル」の各紙で随時報じられた。

七回も同じ体験をした当時の消防士

だが、はたして家じゅうが高熱を発して燃えさかる火事のなか、無傷で残る絵などほんとうにありうるのだろうか。

TBS取材班は、最初の「サン」の記事にも登場し、この一連の騒ぎの発端ともなった人物であり、当時火災現場でこの不思議な絵を目撃したという消防士、ピーター・ホール氏とのインタビューに成功した。当時ピーター氏の上司にあたる人も、この奇妙に連続する事件に興味を抱き、日記に記録していたという。

——そのときの現場のようすは？

「その火事が起こった家は完全に焼け落ち、壁や天井は崩れ、テレビまでが熱で溶けてしまっていました。しかし、絵が残っているのに気づき、私がシャベルで掘り起こしてみると、その絵はまったく焼けておらず、完全な姿で残っていたのです」

——絵は燃えないのですか？

「私はその絵の上に何か燃えにくい特別の塗料でも塗ってあるのではないかと思って調べてみましたが、普通のと同じで、それでも完全にそのままの状態なのが不思議でした」

ピーター氏は現場に駆けつけ、七回もその同じ絵画を見たという。つまり、同じ不思議な体験を七回もしたのだ。

南ヨークシャーに住むピーター氏の弟夫婦であるポール家も、この一連の事件に巻きこ

火災現場で燃えない少年の絵を7回も目撃した当時の消防士ピーター・ホール氏

放映されたシーン。少年の絵を燃やしたスタッフはこのあとお祓いを受けた

まれていた。

ポール氏夫妻の家も、やはり火事で丸焼けになってしまったのである。そして彼らも火事になる前に、ほかの犠牲者たちと同じように、あの涙を溜めた少年の絵の一枚をやはり家に飾っていたのだった。

夫人はつぎのように話してくれた。

「私の義理の兄のポールが、その絵の話をしてくれました。彼は消防士だし、『消防士なら絶対にこの絵は飾らないよ』というんです。消防士が駆けつけた現場にはその絵が必ずあったからなんです。『その絵は火事でも燃えない』って」

ピーター氏は弟夫婦のことを案じて、何度もその絵を家に飾らないよう忠告していたのだった。

夫人はいう。

「ピーターは私たちによくいいました。『その絵を外に出しなさい、処分しなさい』って。でも私はそうしませんでした」

ポール氏はそのときの火事のようすを語ってくれた。

「カーテン、カーペット、あかり、壁の絵、すべてが黒焦げです。何もかも燃えてなくなってしまった」

「階段も燃えてしまったわ」

と、夫人もさらに当時を思い出してつけ加えた。

「ところが、いまでも信じられないくらいなのですが……」

とポール氏はつづけた。

「壁のところに来ると、ほかはすべてが燃えてしまっているのに、その絵だけは、まるで買ったときと同じような状態で残っていたんです」

このあまりにも明らかな証拠を目の当たりにして、ふたりはピーター氏の忠告を思い出し、消防士たちの噂が正しかったことを知った。そして忠告にしたがって絵をさっさと処分しなかったことを後悔したが、そのときはすでに遅かったのである。


問題の絵を焼却後トラブルがつづいた「サン」紙

この話には、さらに後日譚がある。

初めの記事からわずか二カ月のあいだに、あまりにもこの絵をめぐる訴えや事件が頻発したために、他紙に先駆けてこの出来事を取り上げ、その後も尽きぬ関心をもって事態を見守っていた「サン」紙は一計を案じた。

この出来事をネタに読者サービスを兼ねた特別なイベントを行なうことにしたのである。

それは、どうやら「放火癖」のあると見える少年の絵画を集めて、「まとめて火あぶりに処する」ことであった。

「サン」紙は十月二十六日の紙面で、自分でこの不吉な絵を処分する勇気がないのであれば、われわれが代行するので、心当たりのある絵をおもちの方は、新聞社宛に送付してほしいと、広く読者に呼びかけた。

何千人もの読者がこれに応えて絵を送ってきた。このため「サン」の社屋は少年の絵で溢れかえらんばかりになってしまった。

そして、消防担当官の立ち会いのもと、読者から送られてきた少年の絵はまとめて燃やされたのである。予想に反して、絵はすばらしくよく燃えた。

監督に当たった消防担当官は、すべての絵が燃えるのを見届けたあとに、記者に対してつぎのようにコメントしたという。

「押し殺したような泣き声でも聞こえるのではないかと耳をすましてみたが、絵の具が燃えるパチパチという音が聞こえるだけだった」

この顚末については十月三十一日付の「サン」紙に掲載された。

変わったことは何も起こらなかった。少なくともそのときには。

ところが、この盛大な焚き火のあと、「サン」紙は立てつづけにトラブルにみまわれはじめた。同社の新工場では、ストライキや生産トラブル、激しいピケ闘争などがつぎつぎに起こったのである。

さらに、ウィストン＝スーパー＝メアのウィリアム・アーミテージが自宅で焼死するという事件が起こった。しかも、彼の遺体のわきには、あの「少年の絵」が無傷で床に倒れているのが発見された。

そのとき駆けつけた消防士のひとりは、つぎのように語った。まるで同僚たちの意見を代弁するかのように――。

「このジンクスについては私も聞いてはいた。しかし、内部が焼きつくされた部屋のなかで例の絵に実際に出くわすのは、なんとも奇妙な感じの体験だ」

放映のために手に入れた少年の絵

取材班はイギリスでこの絵の実物を探したが、見つからずにいったん帰国した。

番組のディレクターはこう語っている。

「デパートや骨董品屋をまわったのですが、売り場の人はみんなその絵のことを知っていました。『ああ、あの燃える絵ね』という感じで。いろいろあたっているうちに、最近その絵を売った記憶があるという人がいたので、その人に『どういう絵か教えてくれ』と頼むと、自分の友人がその絵をまだもっているという。そこのお宅に行って借りてきて写真を撮ったりもしました。その家は火事になっていませんでしたが、不思議なのはその家の子どもがまた、飾られている絵にほんとうにそっくりなんですよ……」

この絵はいまだに普通のデパートで売っているものらしい、との感触を得た取材班は、現地のコーディネーターに、

「番組を盛り上げるために放映日に絶対実物が欲しい。かならず絵を手に入れて当日までに送ってほしい」

と頼んでおいた。コーディネーターは手際よく絵を購入し、しばらく手もとに保管したのち、撮影用に日本に送ってきた。

この少年の絵は、五枚の連作になっているのだが、入手したのはそのうちの一枚。それはオン・エアのときにスタジオでゲストに見せるために保存、コピーした一枚は火事のシーンを撮影するためにロケ中に燃やした。

「怖かったですね。ロケセットを立てて、そこに油をかけて燃やして。子どもの顔が燃えていくじゃないですか。なんか悪いことをしているみたいで。もちろん、お祓いはしてもらいましたよ」

とりあえず撮影は無事にすんだ。

涙をためた少年はシリーズもの。いずれも涙をためた愛くるしい顔だちだ

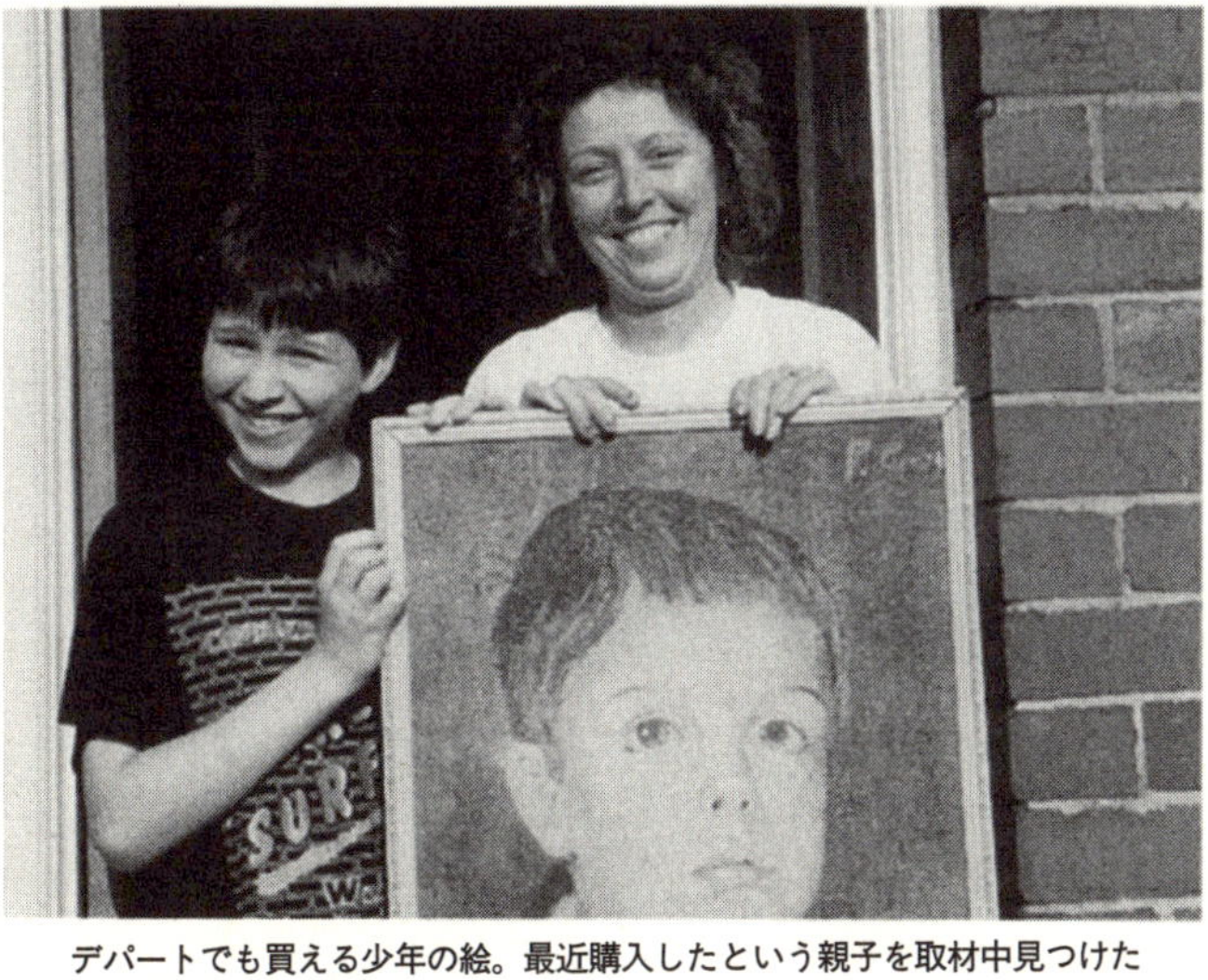

デパートでも買える少年の絵。最近購入したという親子を取材中見つけた

絵を手配したスタッフをも襲った火事

だが、これには奇妙な後日譚がある。

この絵を購入して一時期保管してくれていたイギリス人のコーディネーターのアンディ・スミス氏は、絵を送り出したあと、二度も火事にあっていたのである。

一度めは家のボイラーが発火して、ぼやを出した。大事にはいたらなかったものの、ボイラーを新しいものに替えなければならなかった。

コーディネーターはこの絵を、日本に送る前に古いオンボロのシトロエンCXのトランクに保管していた。一緒に仕事をしている日本人コーディネーターに、

「これならオンボロだから燃えてもいいや」

と、冗談をいっていたくらいだった。

その後まもなく、このコーディネーターは、シトロエンCXをシトロエンGTRターボに買い替えることにした。

忙しくてその週ずっと買い替えた車を取りにいけなかった彼は、その日の朝、日本人コーディネーターとポーツマスに行く用事ができたのを機に受け取りに行き、そのままその車でポーツマスに向かうことにした。

ところが、その途中、買ったばかりの車が突然、火を噴いたのである。乗っていたふたりは、自分たちのショールやコートをかぶせて必死で消し止めようとしたが、風にあおられた炎は広がり、手がつけられなくなってしまった。

驚いた近くの商店の人が消火器をもって駆けつけてくれたが、それでも火勢は強くなるばかり。ふたりのコーディネーターは必死でトランクからカメラ機材を運び出し、あとはなす術もなく見守るしかなかった。

燃料タンクにはガソリンが満タンになっている。引火したらどうしようと思うと生きた心地がせず、ぶるぶる震えていたという。

そのとき、商店の人が呼んでくれた消防車が駆けつけて消火作業にあたり、ようやく火はおさまったのである。

だが、コーディネーターはショックを隠せなかった。せっかく買い替えたばかりの車を、ピックアップしてわずか九十分後に、原因不明の火事でなくしてしまったのだ。

まるで何ものかが意地悪くも彼の冗談を聞きつけ、意趣返しする機会を狙っていたような出来事であった。

この二度の火事と例の少年の絵の因果関係が気になった日本人コーディネーターの中原美奈子さんは、この事件についての詳細を日本に書き送ってくれたのである。

残った少年の絵は、通算三回、スタジオでていねいにお祓いをしたのち、焼いてしまった。だが、もちろんいまでもイギリスに行ってデパートを探せば、この絵は簡単に購入することができる。ただし、その結果何が起こっても、買ったあなたの責任である。当方はいっさい関知しないので、そのおつもりで！

24 バズビーの呪いか、座った人に死を招く椅子

誰も座れないよう吊られた椅子

イギリス、北ヨークシャー州サースク村。

ロンドンから北へ車で約二時間、美しい丘陵が広がるこの村には、実に珍しく、そして恐ろしいものがあるのだ。その事実を確かめるため、取材班はまず、サースク博物館を訪れることにした。

この村の小さな博物館で、取材スタッフを出迎えてくれたのは、弁護士のピーター・ハッチ氏。彼は長年にわたってこのあたりの歴史を研究しており、アマチュア郷土歴史家と

死を招く様子が保存されているイギリス北ヨークシャー州サースク村の博物館

バズビー処刑のいきさつについて異論を唱える郷土歴史家ピーター・ハッチ氏

しての顔ももっている。

薄暗い館内には、地元で代々使いこまれた古い農耕具が年代順に並び、素朴な昔の蹄鉄や民具が壁に飾られている。一見、どこにでもありそうなものばかり。

だがピーター氏の案内にしたがって、しだいに奥へと進んでいくと……。

そこには、奇妙なものが展示されていた。天井高くに吊りさげられ、誰も座ることのできないようになっている椅子がひとつ。この一見してごくありふれたアンティークの安楽椅子のように見える椅子の名前は、「ザ・バズビー・ストゥープ・チェアー」という。

別名は「死を招く椅子」。このあたりでは、誰ひとりとして知らないものはいない呪われた椅子である。いままでこの椅子に座ったものは、ことごとく奇怪な死を遂げたといわれているのだ。

もともとは一七〇二年、殺人罪で絞首刑に処されたトーマス・バズビー所有の椅子であったという。彼はこの椅子がお気に入りで、長年愛用していたと伝えられている。

この椅子にはバズビーの呪いがかかっているというのだ。

椅子の持ち主が絞首刑になったいきさつ

サースク博物館の資料はトーマス・バズビー処刑のいきさつをつぎのように語っている。

薄暗い館内を奥へ進むと、その椅子は座れないように宙吊りになっていた

この椅子はトーマス・バズビーとエリザベス・オーティが結婚したころ、この村の近くの町、ギズバーンでつくられたものである。

だがふたりの結婚は必ずしも幸せなものではなかった。花嫁となったエリザベスの父親は村一番の金持ちだったが、バズビーが怠け者でしかも酒好きである、というもっともな理由でふたりの結婚に反対だった。

実際、エリザベスの父のダニエルが心配したとおり、バズビーはめったに働かず、村のパブに入りびたるか、このお気に入りの椅子で居眠りをしていた。

ある晩、彼が帰宅すると、義父が彼の椅子に座っていた。

バズビーは怒った。そして、ずうずうしくも彼のお気に入りの椅子を占領している義父

に向かって、

「出て行け！　そこは俺の場所だ」

と怒鳴ったが、逆に義父のダニエルに、

「おまえのようなぐうたらな酒飲みのところに、かわいい娘を置いておけない。一緒に連れて帰る」

と反撃されてしまった。

その夜、怒りがおさまらないバズビーは大酒をくらい、その勢いで義父の家に押し入ったうえに、ダニエルを殺してしまう。殺人のあと、正気に戻ったバズビーは死体を森にかくして家に帰り、この椅子に座って眠ってしまった。

一週間後、死体が発見され、バズビーは警察に連行された。バズビーは殺人を自白。一カ月後、近くの処刑場で絞首刑になった。

そのときバズビーは、自分が亡きあと、お気に入りの椅子に座るであろうすべての人間を呪いながら死んだのだという。

歴史マニアのピーター氏の説は、これとは少し違っている。

バズビーの義父であるダニエル・オティは村のギャングのボスだった。彼は贋金づくりに手を染めて、その財産と地位を築いていた。

ちんぴらのバズビーは、ボスの娘と結婚することでオティと対等になろうとした。しかし、この試みはうまくいかず、心のなかでは自分を認めてくれない義父への不満が常にくすぶっていた。

ある日、ついに金のことから口論になり、バズビーはダニエルを殺害してしまった。そのときダニエルはこの椅子に座ったまま、バズビーに殺されたのだという。

裁判にかけられたバズビーは真実を語らず、酒に酔って殺したと供述、絞首刑になった。

どちらの説が正しいのかはわからないが、ダニエル・オティが残したという大きな邸宅は、いまでもこの村に存在している。

座った六十一人は確実に死んでいった

この椅子はバズビーの死後、ひとり残された妻が家財道具を処分する際に人手にわたり、昔バズビーが絞首刑にされた処刑場近くでいまも営業しているパブ「バズビー・ストゥープ・イン」に置かれるようになった。このパブの名前は処刑されたバズビーにちなんでつけられたものである。

バズビーの呪いの話が広まると、若者たちはこの椅子で肝だめしをするようになった。だが、この呪いは確実にその効果をあらわした。第二次大戦中、おもしろがってこの椅子に座った兵士たちはみな、二度と祖国に帰ることがなかった。

椅子の呪いはますます有名になった。それでもなお、いや、むしろそのせいか、この呪いを疑ってかかり、アルコールで気が大きくなってくると、冗談半分に椅子に座って運だめしをしようという人間は耐えなかった。

最近の例だけに限っても、四人の人間が、この椅子に座った直後に事故で死亡しているのだという。

二十四歳の空軍パイロットが、仲間と一緒に「バビズー・ストゥープ・イン」で酒を飲んでいた。そのうち話題は、呪われた椅子の話になる。

どことなく神妙になってしまった仲間をバカにして、彼はいった。

「ぼくはそんな呪いなんか信じない」

そして、それを証明するために、軽い気持ちで椅子に座ってみせたのだ。

ところが、そのわずか数時間後、彼は自動車事故にあって、あっけなく死んでしまった。

また、ある建築作業員の場合。

彼はたまたまこのパブにやってきて、この椅子の話を聞き、仲間の制止をふりきって座った。その翌日の午後のことだった。仕事がら、高いところに慣れているはずの彼が、屋根にのぼって作業中に、ふとしたはずみから足を滑らして、まっさかさまに落下。首の骨を折って、そのまま帰らぬ人となってしまった。

ピーター氏はいう。

「椅子がパブに置かれているあいだは、無謀にも呪いを試そうというものはあとを絶ちませんでした。バズビーが処刑されてから、この三〇〇年の間で六十一人がこの椅子に座ったために死亡しているのです」

「バズビー・ストゥープ・イン」のオーナー、トニー・アーンショー氏も、この椅子の力を信じている。

「この椅子は昔からこのパブにありました。呪いはほんとうのことです。私は、これ以上誰も座れないよう、この椅子を博物館に寄付したのです」

椅子が博物館に寄付され、誤って座る人がいないよう、天井から吊られるようになって、やっと死者の記録は止まった。

この椅子は一度ピーター氏のはからいで、専門家の鑑定を受けている。その結果、この椅子はたしかに十八世紀初期のものであることが確認された。

ほかにもあった「死を招く椅子」

ヨークシャーには、ほかにも「悪魔の椅子」といわれるものがある。

この椅子はヨークシャーのホルムフィールドにあるアイヴィー・ハウス・インに置かれているものだ。

この椅子については、その呪いの出所ははっきりしない。だが、効果のほどはたしかだと地元の人々はいう。その椅子に座った人間は、やはり短期間のうちにあの世に行ってしまうのである。

こちらは、「バズビー・ストゥープ・チェア」と違って、天井から吊りさげられているわけではなく、座ることは可能である。

ただし、その椅子の背後の壁には、真鍮製の警告板が打ちつけられており、そこにはつぎのように書かれているのだ。

「この椅子の出どころは不明である。あえてこの椅子に座ろうとする者は、死の危険を覚悟されたし。この椅子の呪いの威力は、すでに何人かの故人が身をもって証明しているとおりである」

もちろん地元の人たちは決してこの椅子には座らない。

このインのオーナー、ジョン・イングリッシュはいう。

「あの椅子に座った青年は、それまではみな、どこにも悪いところはなく、ピンピンしていたのに……。最後にここに座った七人も、この椅子の評判を知っており、くだらない迷信だときめつけた。だが結局私は、彼らの葬式に出るはめになった」

この呪いが外国人にも平等に襲いかかるかどうかはわからない。

だが、もしあなたがイギリスを旅行するときは、そしてとくにヨークシャーに足を運んだときは、みんなが避けている不審な椅子には座らないほうが賢明かもしれない。

ニセモノの椅子にも座らなかった地元の人たち

取材班はサースク村の博物館を訪れて実物を撮影したあと、もともと椅子が置かれていたという「バズビー・ストゥープ・イン」に向かった。ここのオーナーやお客に取材し、その後、この現場で再現フィルムの撮影を行なうためである。

再現フィルムといっても、まさか、あの本物の椅子を使うわけにはいかない。だが、バズビー・ストゥープ・インには同じような形をした椅子がなかった。

サースク村の歴史マニアで、番組でも博物館の案内役を務めてくれたピーター・ハッチ氏が助け舟を出してくれた。

「それなら同じような椅子を見つけてきてあげよう」

ピーター氏は約束どおり椅子を見つけてパブにもってきてくれたので、一行はバズビー・ストゥープ・インに出かけたのである。

ひと通りの取材が終わって、いよいよ再現フィルムの撮影である。

取材スタッフはその役をこのパブに集まっていた常連の人たちに頼もうとした。カードか何かで負けた人間がこの椅子に座らせられ、肝だめしをしているといったシチュエーションで撮ろうとしたのだ。

すると、みんな口をそろえて「やだよ!」というのである。

「これはニセモノの椅子だからぜんぜん平気ですよ」

といって、ディレクターも自分からそれに座ってみせた。

「ほら、平気。ぜんぜん平気」

イギリス人のカメラマンや照明、技術のスタッフたち、コーディネーターもみんな、

「ほら、大丈夫」

と、かわるがわる全員で座ってみせた。

すると、そこに居合わせた地元の人たちは、みんな青くなって「えーっ」といいだしたのである。

何で「えーっ」というのかと尋ねると、彼らはいった。

「ニセモノだっていうけれども、オレたちはこのパブで、何かがたしかにいて、それが動いたりしているのをなんべんも見聞きしている。バズビーの霊がそこに絶対いるというの

に、似たような椅子をもってきたりしたら、恐ろしいことになる。それをわかっていて座るわけにはいかない」

そして、誰ひとりとして座ろうとしなかった。

結局、ロンドンから同行したイギリス人の照明技術者が座って撮影をすませた。

「そんなことやっていたら、ほんとうに二十四時間以内に死ぬぞ」

スタッフは、常連たちにそういわれてしまったのである。

彼らのいうには、この冬もパブで飲んでいると、二階には誰もいるはずないのに、ちゃんとドアを開けて歩いていく音も聞こえた。いろいろな音がするときには、暖炉の前に椅子を置いておく。すると椅子がキキッときしむので、そこには絶対バズビーの霊がいるのだという。

「だから、おまえたちがニセモノだといっても絶対座りたくない」

彼らはそれを撮影が全部終わってから説明してくれたのだった。

今度は、それを聞いたスタッフが真っ青になった。

「えーっ、全員座っちゃったよ……」

それからというもの、ロンドンに帰る車のなかでスタッフ全員、気が気ではなかった。

「こうやって乗ってて、全員何かにぶつかって死んじまうのかな」

さらに、そのとき車のなかには「火事を招く少年の絵」まで乗っていたのである。だからダブルパンチで二十四時間以内に、火事で死ぬんじゃないか、とまで思ってしまったそうだ。まあ、幸いにもみな無事に生き延びている。

取材に同行したディレクターは感慨深げに語った。

「あそこではみんな、ほんとうに信じてるんだな、そう思いましたね」

25 部下が座ると妊娠する、おめでたい椅子

座った人間の命を奪う恐ろしい椅子があると思えば、まるでバランスをとるかのように、はるかにおめでたい椅子も存在する。

一九七八年の「サン」紙には、「これに座った女性はのこらず妊娠」という見出しとともに、スティール製のオフィス・チェアの写真が掲載された。それは、どこのオフィスにでもありそうな機能一点張りのグレーの椅子なのだが……。

イギリス、ガトウィック空港の広報課長ディーヴ・ハースト氏は頭を抱えていた。ここのところ広報担当の部下がつぎつぎと妊娠してしまうのである。しかたなく産休に入った

部下の後任を見つけてくると、どういうわけか、その後任の女性もまもなく妊娠してしまうのだ。ハースト氏にはなんら、なす術がなかった。

もともと女性が多い職場ではあった。健康な女性なら妊娠は当然のこと。だが、管理職の彼にとって、これはあまりに異常な事態だった。

「どうして、私の部下ばかりなんだ」

そのうち、広報担当者の椅子は「ベビー・メーカー」の名で呼ばれるようになった。そして、その椅子に座った女性は必ず妊娠するという噂が流れはじめた。

やはりこの椅子に座っていたという広報担当のメアリー・レイシーは、産休に入るにあたってこう語った。

「冗談としか思っていませんでした。でもいまじゃ、この椅子につぎに座る人は男性であってほしいと真面目に願っています」

メアリー・レイシーの後任となったのは、グレタ・ストーンストリートだったが、彼女はこの椅子に手を触れることさえいやがった。

「危険を冒すのはまっぴら。ボスに椅子を処分するよう、きつく要求したわ」

そして、ついにハースト氏は悪名高いこの椅子をオフィスから追放することで、この問題に終止符を打つことにしたのだった。

26 神の呪いを宿した凶運のダイヤモンド

発見当時279カラットのホープダイヤ

最近は幸運をもたらすお守りとして、クリスタルやムーンストーン、ラピスラズリなどをはじめとするパワー・ストーンが大人気だ。昔から欧米の女性が誕生月にちなんだ石を身につけるのも、宝石のもつ不思議なパワーを信じてのこと。

だが、人々の心を魅了する美しく貴重な宝石になるほど、その宝石の辿る運命は数奇なものになる。そして、人間の欲望のなかに投じられた宝石は、その魔力に魅せられた人々の運命を変えることさえ容易になるのである。そして宝石のもたらす運命は、幸運とはかぎらない。

ホープ・ダイヤ。45・5カラット。

ダイヤモンドには珍しく、深いブルーの輝きをもつこの石は、そのふたつとない美しさとともに、凶運を呼ぶダイヤとしても有名である。このダイヤを手にしたものは、ことごとく死への道を辿るといわれているのだ。

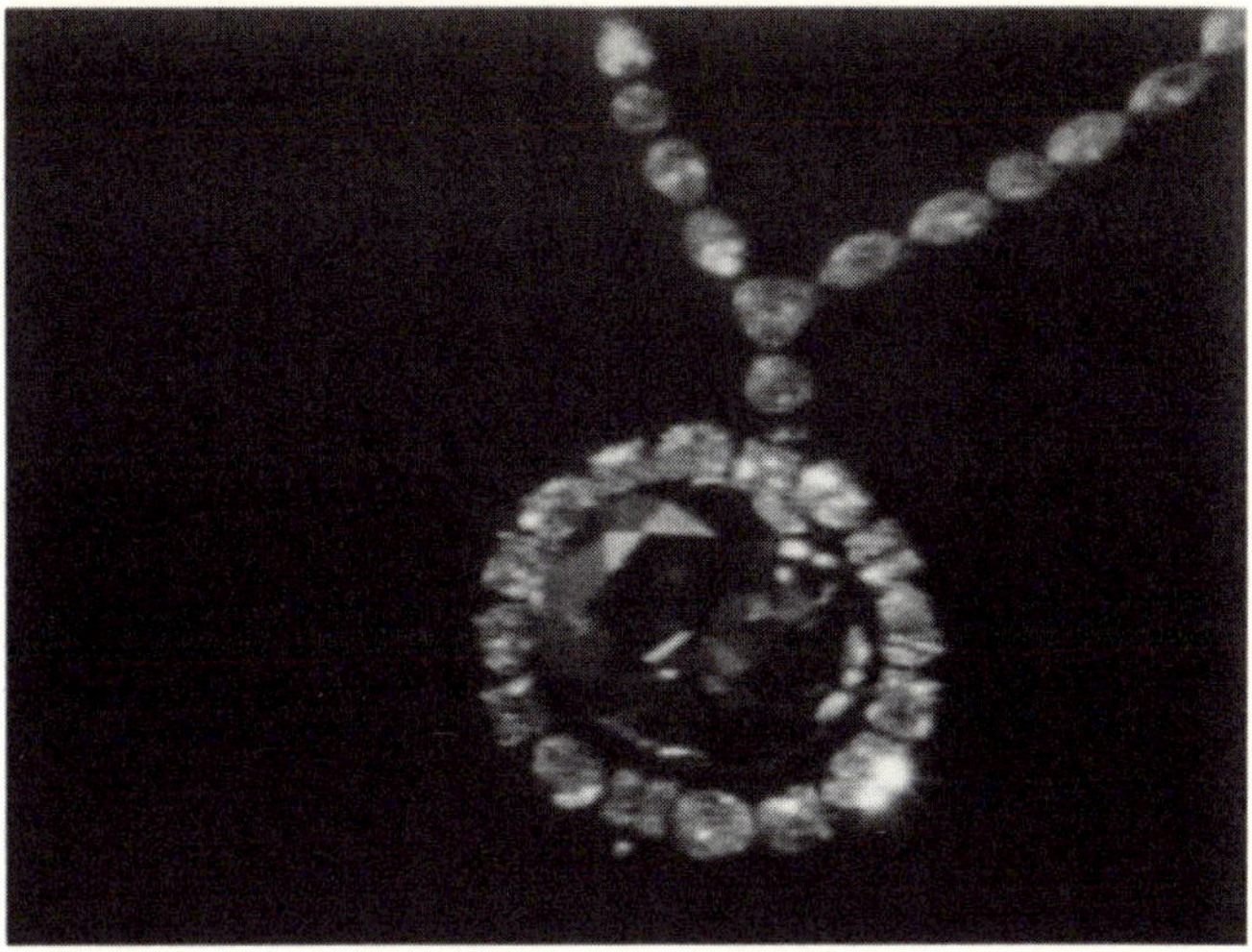

多くの不運をもたらし、最後の持ち主によって博物館に寄贈されたホープ・ダイヤ

インドのゴルゴンダにある沖積地で発見されたとき、このダイヤは279カラットもあり、当時のサラセン帝国の皇帝をも感嘆させたという。

言い伝えによると、この宝石は、盗賊によってインドで神像の目から抜き取られたといわれている。そのせいで、神の呪いを招く石となったのだとも。

このダイヤが歴史の表舞台に現われるのは、一六六九年にフランスの旅行者、ジャン・バチスト・タヴェルニエの手によってヨーロッパにわたり、太陽王ルイ十四世に売り渡されたときである。

ルイ十四世はこのダイヤを67カラットにカットしなおし、その色にちなんで「フランスの青」と命名した。

王はこの宝石をいたく気に入り、タヴェルニエはダイヤの報酬として、金10万ポンドと貴族の称号を与えられた。しかし、その後彼はふたたび訪れたインドで、野犬に襲われて悲惨な死をとげたと伝えられている。

ダイヤはやがてルイ十四世の孫にあたるルイ十六世の所有となり、妻のマリー・アントワネットに贈られた。悲劇のヒロインを飾ったこの宝石は、一七九三年にふたりが断頭台の露と消えてからは、革命の混乱に紛れて行方不明になる。しばらくしてアムステルダムに現われたダイヤは、ここで再びカットしなおされたのちにまた盗まれた。盗んだ男はこれをロンドンにもちこみ、そこで一八三〇年に自殺してしまうのである。

その後行方不明になったが、やがてロンドンに渡ったこのダイヤは、有名な大富豪であり銀行家のヘンリー・トーマス・ホープ氏のものとなった。そのため、これ以降このブルーのダイヤモンドは「ホープ・ダイヤ」の名で呼ばれるようになる。

ホープ家から始まった持ち主の連続死

しかし、このダイヤはホープ家にも幸運を呼ぶことはなかった。それどころかホープ家のなかでさえ、なぜかこのダイヤは転々と所有者を変え、ついには家族間でダイヤをめぐった訴訟ざたが発生するにいたる。

ホープ家は深刻な家庭不和を招いたこのダイヤを、一九〇一年にフランス人のブローカー、ジャック・コレに売り払ってしまった。そのコレも数カ月のちに自殺。

さらに巡り巡って、ダイヤは帝政ロシアの皇子イワン・カニトフスキーのものとなる。当時皇子と親しい関係にあった女優のマドモアゼル・ラドレは、彼がその宝石を手に入れたことを知り、数日だけの約束で皇子からそのダイヤを借り受けることになった。

翌晩、それを身につけていつものようにフォリー・ベルジュール劇場の舞台に立った彼女を待ちかまえていたのは、嫉妬に狂った元恋人だった。客席最前列にひそんだ男は、フットライト越しに彼女を狙い撃った。彼女は舞台に倒れ、ホープ・ダイヤを胸に飾ったまま自らの流す血の海に倒れて絶命したのである。

それからまもなく、持ち主である皇子も、革命家によって刺殺された。

つぎの所有者となったのは、ギリシャ人の宝石商シモン・モンタリデスである。彼はこのダイヤを「大暗殺王」として悪名高いトルコのサルタン・アブデュル・ハミッドに売却するが、その取引をまとめた直後、乗っていた馬車ごと崖から転落して死んでしまうのだ。

ダイヤを買ったサルタンのほうも、それからわずかのうちに退位に追いこまれてしまう。一説によると、このときフランスへの亡命資金として用意した宝石のなかに、このダイヤが含まれていたらしい。だが、失意のサルタンを裏切った側近たちに持ち逃げされてしまったのだともいう。その後、ダイヤはパリのカルティエの所有となった。

一九一〇年、アメリカ人大富豪の女相続人エヴァリン・ウォルシュ・マクリーン夫人がこれを購入。その後、このダイヤを気に入って常時身につけていた彼女の身辺には、不幸がつぎつぎと発生した。

まず、かわいい盛りの九歳のひとり息子を自動車事故で失う。つぎに二十五歳の娘が、睡眠薬の飲みすぎで死亡。ついには夫が重度のアルコール中毒となり、入院先の病院で死亡するというものであった。

一九四七年に肺炎で亡くなったマクリーン夫人は、ホープ・ダイヤの相続に関し、「ダイヤモンドは共同相続人である六人の孫の最年少者が二十五歳になるまで信託にする」という遺言状を残していた。

ところが、遺族たちはこの信託の条件をめぐって争うようになり、ダイヤはまた一族に不和の種をまく結果となった。最後に、脹らんだ借財や債券の支払いにあてるため、遺族はこれを売りに出してしまった。

だが、一九六〇年十二月、遺言状に書かれていた六人の孫の最年少者にあたり、祖母の名前を継ぐエヴァリン・マクリーンがテキサス州ダラスの自宅で死亡しているのが発見された。奇しくもその日は、彼女の二十五歳の誕生日。ほんとうであれば、祖母のダイヤモ

不思議な輝きについて語るスミソニアン研究所のジェフリー・ポスト教授

ンドを相続するはずの日であった。遺族の争いに対するマクリーン夫人の呪いか、とささやかれた。

いまも博物館で深いブルーに輝くダイヤ

たくさんの人々の不運と不和のもととなったこのホープ・ダイヤは、最後にこれを買い取ったニューヨークのハリー・ウィンストンによってワシントンのスミソニアン博物館に寄贈され、現在も同博物館に保管されている。

スミソニアン研究所のジェフリー・ポスト教授は、このダイヤについてつぎのように語っている。

「ご存じのように、ダイヤは炭素からできています。このダイヤモンドもそうですが、普通と違う点は独特の深いブルーであること。

これはボランなどの不純物によるものです。そして特別なおもしろい現象があります。このダイヤに暗い部屋のなかで紫外線を当てると、深いオレンジ色に輝くのです」

傷ひとつない美しいブルーの光を放ち、組成的にもきわめて珍しいこのダイヤモンド。しかし、なぜこのダイヤが不幸を招くのか、その原因は現代の科学でも謎のままである。

いっぽうで、昔から石や宝石にはまわりで起こることを記憶する力があるともいわれる。切り出されたときは無垢であったダイヤも、長い時を経ていくうちに人間が美しい宝石に抱く欲望や、裏切りや強奪の歴史を記憶してしまったのかもしれない。

それはさらに宝石の妖しさを増し、新たに人間の欲望を刺激してゆく……。

27 女神の呪いか、持ち帰ると不幸を招く石

ハワイ旅行後に始まった子どもたちの災難

一九七七年、夏。ある航空会社の副社長ラルフ・ロファートは、家族とともにバカンスを楽しもうとハワイへ旅立った。

滞在中、一家はハワイ島の火山公園を訪れた。この雄大なるマウナ・ロア火山を中心として成り立つ公園には、連日たくさんの観光客が訪れる。そして、観光客のなかには、ここを訪れた記念にと、マウナ・ロア火山の溶岩に覆われたふもとに転がっている石を無造作に持ち帰る人が少なくない。

ロファート家の四人の子どもたちも例にもれず、おみやげにとそれぞれが気に入った石を拾って持ち帰ったのだった。

しかし、この一見なんの変哲もない石こそ、単なる石ではなかったのである。

ロファート一家が常夏のハワイでの休日を満喫し、ニューヨーク州バッファローに戻ってからのことである。彼らに災難がふりかかりはじめたのは——。

まず、一週間も経たないうちに、十四歳の長男・マークが野球をしているときにケガをした。試合中に転んで足首を捻挫し、同時に膝の軟骨を傷めたのだ。

それにつづけて、ホッケーの試合のときにもまた、マークは肘を骨折する大ケガをした。マークのケガと同時期に、次男で十二歳のダニーは、フットボールの練習中に左手の骨にひびの入るケガをした。それから別の日には、森のなかを走っていて木の枝に突っこみ、まぶたの筋肉を切ってしまったのだ。

ダニーとは年子にあたる、三番めで十一歳になるトッドは、バスケットボールの試合中に腕を折り、そのあとには急性盲腸炎を起こして病院に担ぎこまれた。

トッドの災難はまだまだつづく。体操中には、バランスを失った拍子に転んで、もう片方の手を骨折するし、おまけに肘関節を脱臼するなど、さんざんだ。

末っ子で七歳のレベッカは、ブランコから落ちて前の歯を二本折ってしまった。その治療が終わるか終わらないかのうちに、もう一度ころんでしまったレベッカは、ふたたび同じ二本の歯を折ったのである。

女神ペレの逆鱗に触れた⁉

母親のダイアンは、あまりにケガがつづく我が子たちに、これは何かあるのではないかと心配した。

そして、ハワイで現地の古老に警告されたことを思い出したのである。

「マウナ・ロアにある石を決して持ち帰ってはいけない。この火山にはペレという女神が宿っていて、石を持ち帰る者はその神聖な山を冒したとして、女神の逆鱗に触れ、いやおうなしに不幸に遭遇させられるのだ」

その話を聞いたときは、どこにでもあるつくり話と、さして気にもとめなかったのだが、こう子どもたちに災難がつづくと、「もしや、石のせいでは」と思えてくる。

考えてみれば、子どもたちのケガはハワイ旅行から帰ってきてからのことである。そう考え直すと一刻も早く石をあの山に返さなければという思いにとらわれたダイアンは、子どもたちから石を集めると、大急ぎで箱に詰めてハワイの友人に郵送し、火山のふもとにばらまいてくれるよう頼みこんだ。

そうすると、それまでつづいていたケガがうそのように途絶え、ふたたび子どもたちは元気に遊ぶようになったのである。ただひとり、長男のマークをのぞいての話だが。

なぜか、マークだけは、石を送り返したあとも肩を脱臼したり、大腿に深手を負ったり、掌をこっぴどく擦りむいたりと、いっこうにケガのおさまる気配がない。

不審に思ったダイアンがマークを問いつめると、マークは机に隠しもっていた残りの石があることを正直に白状した。

やはり、石が引き起こしていた災難だったのである。

さっそく、ダイアンがその石をハワイへ返送すると、それまで続いていたマークの災難もなくなり、ようやくロファート家に平和が戻ってきたのである。

公園管理局に連日のように送り返されてくる石

同じようにマウナ・ロアの石を持ち帰って、ロファート家以上の不幸に見舞われた人もいる。

カナダのオンタリオ州リッチモンドヒルに住む、アリソン・レイモンドの体験は苛酷を極めた。ハワイ旅行の記念にと火山の小石を持ち帰った直後、彼女の息子は脚を骨折してしまった。そのうえ、膵臓まで患い入院は長引くばかり。

また、アリソンの母親までガンになってしまい、あっという間に亡くなってしまった。悲しみに打ちひしがれているアリソンに追い打ちをかけるように、今度は最愛の夫まで正面衝突の交通事故で失ってしまったのだった。しかし、たてつづけにつづいた不幸も、小石をハワイ島に送り返してからは、ぴたりとなくなったのである。

テキサス州エルパソの材木商、ニクソン・モリスも、ハワイの石の被害者である。

彼がマウナ・ロアから石を持ち帰ってからというもの、やはり、たてつづけに不幸に見舞われた。まず、家が落雷にあい、かなりの損害を受けた。そのつぎには、ニクソン自身が屋根から滑り落ちて、腰の骨と大腿部を骨折。つづけて孫娘も腕を骨折し、妻まで病気になってしまった。あげくには、飼い猫まで車のボンネットのなかに閉じこめられて、胴の片側がつるつるに禿げてしまったという。

その窮状をニクソンはハワイ島の公園管理局に切々と訴えてきた。もちろん、元凶となった石に手紙を添えてである。

このように、石を持ち帰って被害にあった例は数知れず、ハワイ島の公園管理局には、連日、みやげ品として勝手に持ち帰った石を送り返してくる小包が届く。

当局としては、苦情を訴えられてもどうしようもないことなのだが、ニクソンのように名前入りで送り返してくる人は少ないという。

小包の数は一日平均して四十個ほど、年間では一トンもの重さになるが、この凶運の小包には差出人の名前も住所もないのがほとんどである。

この確率の限界をはるかに超えた事例は、まったくの真実なのである。

山はほとんど、どこの文化においても崇拝の対象であり、ほかのどんな自然現象よりも畏敬の念や俗信を生みだす力をもっている。

ハワイのマウナ・ロア山は、燃えさかる火山の女神ペレのいます場所とされている。その情熱と執念の女神は、伝え聞くところによると、自分の身を守ろうとするあまり、聖なる石を持ち帰ろうとする者には執拗な復讐を加えるという。

軽い気持ちで石を採取した人の多くは、拾う前から呪いの話を知っていたか、遅かれ早かれ耳にする。

ラルフ・ロファート一家の出来事は、一九七八年に新聞で大きく報じられたため、同様の報告が相次ぎ、社会的に伝染した感があるのも否めない。

が、しかし、この手の話を集団ヒステリー現象として片づけてしまうのも、あまりに日和見的だ。現に、さまざまな偶然の一致は事実として起きていることであり、それを否定することのほうが、あるいは想像の域に入ってしまうともいえるのである。

番組取材で得たハワイの石の「噂の真相」

これは取材には行ったものの、結局番組では放映されなかった話である。

スタッフはハワイの観光協会のようなところに話を聞きにいったのだが、そこの人たちによると、

「マウナ・ロア山の石に関するその噂はウソ」

なのだそうである。これがどうやら、ここの公式見解というものらしい。

ところが、現地のタクシーの運転手に聞いてみると、その石を拾っていった人に災難が降りかかるという話は知っているという。

また、スタッフのひとりは、取材陣以外の観光客に、現地のガイドがその話を説明しているのをたまたま耳にした。

だが、ソレ！　とばかりに近づき、いざカメラを向けると、

「そんなことはない。迷信、迷信」

と、さきほどの話を打ち消してしまう。

しかしまた、カメラのないところで話をすると、「実は、あるんだよ」ということになり、話がはずむのだという。

結局、表立ってはこの話は「ウソ」ということになっているため、それ以上の取材はできなかったのだ。

だがどうやら、石を拾って飛行機事故にあった人や、災難を怖れていったん持ち帰った石を送り返してくる人などは実際に存在するらしい。

結論からいうと、やはりマウナ・ロアの石は拾わないほうがよさそうである。

28 奴隷市場があったジョージアの街の石の呪い

石を移動する作業を拒む奴隷の怨念

奴隷――人に隷属することを強要され、牛馬同様、いやそれ以上に手ひどい扱いを受けていた人々。人間として認められずに売買され、酷使されていた彼らの怨念は、自らが鞭打たれた石に呪いとなって宿っている。

アメリカ南部のジョージア州オーガスタ市は、かつて奴隷市場のあった街である。多くの黒人たちがここでも売買され、白人の私有物として、物同然に扱われていた。

当時をしのばせるその遺構として、いまでも市の中央部には、昔その上で奴隷が鞭打たれたという大きな石が残っている。

この石は奴隷廃止後の十九世紀後半にアメリカを襲ったハリケーンで倒壊したものの、この市に残る、旧奴隷市場を物語る唯一のものである。そこで、市の長老たちはこの石を記念碑として別の場所に移動し、保存していくことを決定した。

記念碑を建てる場所が決まり、移動のための人夫が作業を開始しようとした日のことである。作業に取りかかったふたりの人夫は、なぜかその日のうちに原因不明の中毒にかかって死亡してしまった。

翌日、ふたりのあとを引き継いだ人夫が作業に取りかかろうとすると、今度は石が倒れてきて、石の下敷きになったひとりの人夫はあえなく圧死。また、そのときの相棒も心臓発作を起こし、追うように亡くなったのである。

工事長のジェム・トーマスはさらに有志を募り、石の移動を試みようとしたが、二日つづけての怪事に尻込みして、誰ひとり名乗り出ない。

見かねたトーマスが、『それなら自分がやるしかない』と作業に取りかかったのだが、石をほんの数十センチ動かしたちょうどそのとき、近くを流れるサヴァンナ河が決壊。現場付近一帯が洪水にみまわれたのである。

この洪水で現場にいた三人は溺死してしまい、トーマス自身も肺炎にかかって、その一、二週間後に亡くなった。

いよいよ人々の恐怖は高まり、結局、石の移動は見送らざるをえなくなった。

噂を信じなかった行商人の末路

ところが、二十世紀に入ってオーガスタ市の美化計画がもちあがると、ふたたび石の移動命令が出されることになった。

以前に起きた一連の出来事から、結果を怖れた慎重派が自重を促したのにもかかわらず、単なる偶然とたかをくくった人夫たちはおかまいなしに作業を開始した。すると、雷が作業中のふたりを直撃し、その双方ともがあっけなく命を奪われたのである。

「昔ここで無残に殺された奴隷の怨念が、この石に近づく者を死に追いやるのだ……」

人々はそう噂し、この石に近づくことすら怖れるようになった。

そんなある日、この街を訪れたひとりの行商人が、店を出すのにちょうどいい石があるとばかりに、その石にもたせかけるように店を張り出した。

街の人々は行商人に再三忠告した。

「この呪われた石に近づくと命を奪われるぞ。悪いことはいわない。すぐに店をたたみなさい」

だが、男はいっこうにその場所を立ち去ろうとはしなかった。

「いまだかつて俺は幽霊なんぞ見たことはないね。それに奴隷の呪いだと？　あいつらは生きていても苦しいばかりで死んでこそ幸せだったのさ」

と鼻で笑って周囲の人々の話に取り合わなかった。

一日二日とすぎ、何も起こらないと、男は迷信にびくびくしている街の人々を「小心者たちめ！」と内心馬鹿にするように振る舞っていた。三日が経ち四日めを迎えたころには、買い物にくる客も増え、商売も順調に運ぶようになった。しかし、それとは裏腹に、男はいい知れぬ恐怖と悪寒を感じるようになっていた。この場を離れたい気持ちに駆られるのだが、呪縛にあっているようで身体がいうことをきかない。

男の顔からは日に日に生気が失せていき、とうとう一週間も経たないうちに、息も絶え絶えとなった男はあの世行きになってしまったのである。

その後も、一九一〇年にオーガスタへ初めて車で乗り入れた運転手が、車ごと石に突っこんで死亡する事故にあったり、一九四〇年代にはスリップして石に激突した車が大破し、乗っていた四名が全員死亡するなど、石にまつわる奇怪な出来事はあとを絶たなかった。

一九五一年になって、石の噂を聞きつけたハイラム・シャーフが『そんな迷信は信じない』と息まいて石の移動業務を請け負ったが、仕事に取りかかる前に階段から転落、首の骨を骨折して瀕死の状態になってしまった。

それ以来、現在に至るまでオーガスタの石を移動しようと試みたものはひとりもいない。

29　死の世界へ誘う高松塚古墳の呪い

古墳発見と同じ日に起きた怪死

昭和四十七年五月二十一日。ひとりの男が奇怪な死を遂げた。

Mさん、四十八歳。

彼にとって、その日はまったく普通の日だった。いや正確にいうと、二カ月前から少し浮足立っていたかもしれない。自分の長年の夢がかなってからというもの、身辺は少しずつ変わっていったからだ。

まず、以前以上に忙しくなった。マスコミの取材が盛んになった。そして夜うなされるようになった。自分ではまるで気づいていなかったが、家族がそういうのだ。たしかに寝汗をかくようにはなったが、身体の不調はまったく自分では感じることはできなかった。ましてや自分がその日死のうとは、当然ではあるが、その瞬間までわからなかった。Mさんは、突然苦しみだしたかと思うと、その場に倒れ、そのまま息を吹き返すことなく死んでいった。肺ガンが原因と発表されたが、村の人々はある恐ろしい噂を口にしていた。

高松塚古墳の呪い！

呪いがMさんを殺した……。村は騒然となった。

五月二十一日をさかのぼることちょうど二カ月前の三月二十一日。奈良県明日香村は、お祭り騒ぎに酔っていた。

七世紀末につくられたという高松塚古墳は、現在日本で発見されている古墳のなかでも、もっとも古いものとして有名である。しかも古墳のなかに描かれた婦人群像の壁画は、赤、黄、緑の色を見事に浮き彫りにし、日本でももっとも歴史的価値のある遺産として、その発見が嘱望されていたものだ。

その古墳がこの日、ついに発見されたのだ。

直径十八メートルにも及ぶ巨大な円墳のなかには、一体の人骨のほか、黄泉国（地獄霊界）を描いたものとされる、婦人群像をはじめとした数々の極彩色の壁画が見つかった。幽玄で優美な壁画と、壮大なお墓の外観。そして、おどろおどろしい人骨。

この妙なアンバランスに、Mさんは小さなころから憧れていた。「いつか自分の手で発掘するぞ」それが幼いころの願いでもあった。

Mさんは明日香村の観光課長だった。彼はこの職につくやいなや、高松塚の発掘に熱心に取り組んだ。発掘費用を集めたり、考古学者や文化庁を訪ねたりと、高松塚古墳の発掘ではまさに中心的人物となり、彼なしには発掘はありえなかったとまでいわれるようになった。

その彼が謎の死を遂げたことは、発掘に沸き返っていた村を沈静させるに十分だったようである。しかも古墳が発見された日と同じ日に。あとには噂だけが残った。

つぎにはいったいどんな恐ろしい事件が起きるのか、という。

連続して起きる発掘関係者の不思議な死

第二の事件は、同じ年の八月二十三日に起こった。

以前に古墳の周囲を掘る作業の手伝いをしたことがあるという、高松塚古墳のすぐそばに住んでいたKさんが、やはり原因不明の死を遂げたのである。この女性は、八月二十一日の朝、突然全身がだるいと苦しみだし、二日後に他界してしまった。その最期は尋常ではなかったらしく、かけつけた医師も手のほどこしようがなかったらしい。

まず全身に突然、紫のアザができ、つぎには全身の力が抜け、立っていられなくなった。そして、何かが腹のなかにつまったかのように苦しみだしたのだ。さらに最後は、何か恐ろしいものでも見たかのように、カッと目を見開いて死んでいくという、凄まじさだったそうである。

さらに恐ろしい事件はつづいた。

Kさんが亡くなってからちょうど一年後の、八月二十一日。高松塚のある上平田地区の総代であったMSさんが、今度は交通事故で亡くなるという事件が起きた。

MSさんを不幸にもはねてしまったドライバーは、前をしっかり見ていたにもかかわらず、一瞬彼が見えなかった、と証言している。衝突の衝撃はそんなに強くなかったはずなのに、MSさんはほとんど即死状態であった。

しかも、この日がやはり、高松塚の古墳が発掘された二十一日と同じ日だったことは、単なる偶然では片づけられない謎として残った。

四つめの事件はさらに奇怪であった。高松塚古墳の発掘の際、最初に鍬を入れた発掘関係者のNさんは、悲惨なことに農薬による服毒自殺を図った。

たしかにこの男性は、日頃から悪い夢にうなされると家族にこぼしてはいたが、自殺の兆候などひとつもなく、その日も好きなテレビ番組を見て家族団欒を楽しんでいたというのだ。発作的に自殺するにはあまりに行動が唐突すぎた。テレビを見ていた数分後に、彼はひとり、物置で自殺するのである。

しかも、警察は農薬の入手経路に疑問をもっていた。手に入れた形跡がまったく見当たらないのだ。結局なにも明らかにされないまま、このことは事件ファイルのひとつに名を連ねただけで、ほかの事件と同様現在もほこりをかぶったままとなっている。

さらに昭和四十九年一月四日。

今度は高松塚古墳の色彩壁画を修復するため、壁画の模写をつづけていた画家のWさんが、またしても交通事故で亡くなるという事件が起きた。この男性は、あの三体の婦人群像を修復している途中に事故に遭った。Wさんが死んだ瞬間、壁画の色がいっそうその輝きを増した、と村ではまことしやかにささやかれた。

所在番地に表示された四の文字

五人の肉体が天に捧げられてからというものは、明日香村は、何事もなかったかのようにひっそりと静まりかえった。そしてそれからというもの、よその土地の人々だけが物珍しさで訪れるだけの場所となった。

村の人々はそうして口をつぐんでいった。

この小さな村で、五人もの人がつづけざまに死んでいったのは、それも高松塚古墳の発掘関係者ばかりが死んでいったのは、たんなる偶然だろうか。

この事件を詳しく知る人たちは、やはり口をそろえて「高松塚古墳の呪いだ」という。

高松塚古墳をあばいた呪いだと。

永遠の、やすらかな、心地よい眠りを、鍬で掘り、人工の色を加え、大勢の人の目にさらしたための、狂気の呪いだと。

ちなみに高松塚古墳のある正式な所在番地は、「奈良県明日香村上平田四四四番地」となっている。〝四〟〝四〟〝四〟、つまり〝死〟〝死〟〝死〟。

「死の世界への通り道を表わすルート四四四（死死死）番地だったのは、やはり高松塚古墳の呪いに違いない」

と、関係者は、その番地の恐ろしさをあらためて再確認したという。

かつてエジプトであったように、やはり起こるべくして起きたこの謎の連続変死事件。

古代ファラオの呪いの日本版といわれ、地元ではいまなおたいへん恐れられている。

30 三人の少年を襲う「拾った骨の祟《たた》り」

秘かな冒険の場所は以前墓場だった

この話は、昭和三十八年夏、和歌山県のとある町で起こった不思議な出来事である。

この町に、当時小学校四年生のふたりの少年と、五年生の少年ひとりがいた。三人は家が近所で、小さいときからお互いの家を行き来する遊び仲間であった。

長い長い夏休み。いまのように塾だ、宿題だと追い立てられることがなく、ファミコンはこの世に存在せず、テレビさえやっと登場というころである。子どもたちは夕闇が迫るまで、思う存分外で遊び惚けることができた幸福な時代……。

かぶと虫とりや、チャンバラごっこもひととおりやった。エネルギーのありあまる彼らは、家にじっとしていられない。だが三人はすでにいつもの遊びには飽きていた。

「何かおもしろいことないかな」

「ねえ、ぼく考えたんだけど……」

「なんだよ、いってみろよ」

「あの空き地に探検に行かない？」

「…………」

その空き地は以前墓場だったといわれており、そのせいか昼間でも立ち入る人間はほとんどいなかった。

「でも、あそこで遊んじゃいけないって……」

「だから、おもしろいんじゃないか」

「みつかったら叱られるかも」

「臆病だな」

「おまえ、お化けが怖いんだろ」

「そんなことないよ」

「昼間だったら平気だよ。行ってみようよ」

好奇心旺盛な彼らは、ついに空き地へ探検に行くことに決めた。遊び半分、怖いもの見たさが半分であった。いままでどれだけの少年が、近所のお化け屋敷やいわくつきのお社、昼でも薄暗い林などに引きつけられ、秘かな夏の冒険の舞台としたことだろう。

彼らもおそらくひとりでだったら行かなかったかもしれない。だが三人という心強さと、仲間に臆病者と思われたくないという心理が勝った。いったん決めてしまうと、それはワクワクする冒険に思われた。新学期に学校の友達にも自慢できるかもしれない。

少年たちはさっそく空き地に向かった。

空き地から持ち帰った人間らしき骨

空き地には誰もいなかった。真夏の昼間にもかかわらず、そこは静かで、なんとなく肌が粟立つような心地がした。だが、その薄気味悪い雰囲気が、いっそう彼らの子どもっぽい探検心をあおったのである。

「ちょっと気味が悪くない？」

「平気さ」

「昔お墓だったって、ほんとかな」

「ほんとだったら、掘ってみれば何か出てくるかも……」

「宝物とか？」

「それは無理なんじゃない？」

「骨でも出てくればおもしろいのに」

三人はあたりを見まわし、手にした木切れで地面を突いてみたりした。とくに何もかわったところはなさそうだ。

「おおい、こっちに来てみろよ」

するとと突然、ひとりの少年が大声でみんなを呼び寄せた。

「あれを見ろよ」

少年の指差すあたりには、土のなかから白い骨のようなものが見えていた。

「人間の骨かな?」

「そうじゃないかな。けっこう大きいもん」

「すごいや」

少年たちはこの大発見に興奮して、それを掘り出した。不思議に怖さは感じなかった。

それは白っぽく、細長い形をしており、少年たちが理科の骨格標本や科学雑誌で見たことのある人間の腕の骨のようだった。少年たちはこの冒険の戦利品として、その骨を持ち帰ることにした。

「これを見たら、みんなびっくりするぞ」

遊び疲れた少年たちは家路についた。拾った骨をポケットに大事にしまったまま帰宅する途中、買い物帰りの母親に会った少年は、さっそく今日の宝物を見せびらかした。

「お母さん、見て見て、これ!」

少年は得意になってポケットから骨を取り出した。

番組で放送された骨を拾った少年のワンシーン。３人とも同じ左腕を骨折する

「人間の骨、拾った」

息子の手にしたものを見て、母親は蒼白になった。

「あんたたち、これをどこで拾ったの！」

母親の激しい語調に、少年たちの遊び気分は吹き飛んでしまった。そして口ごもりながら、墓地だと噂されている例の空き地から拾ってきたことを話した。

「まあ、なんてことを……」

母親は悪い予感が当たったことに狼狽した。そして、骨をすぐにもとの場所に返してくるよう子どもたちをきつく叱った。少年たちはわけがわからぬまま、母親の剣幕に押され、骨を見つけた場所に戻すことになった。

このことはほかのふたりの親たちにも知らされ、少年たちは二度と同じことを繰り返さないよう、厳しくいい聞かされた。

少年三人とも左腕を複雑骨折

それから、三、四カ月が経ったある日。

三人の少年のうちひとりが、オートバイにふたり乗りさせてもらっていたときのこと。走行中のオートバイがいきなり転倒。地面に投げ出された少年はその衝撃で左腕を骨折。全治六カ月の重症を負った。

さらに半年がたった。今度は火の見やぐらに登って遊んでいたもうひとりの少年が、高さ約三メートルのところから、やぐらのハシゴを踏みはずして落下。幸い命に別状はなかったものの、彼も左腕を複雑骨折し、完治まで半年の療養を余儀なくされた。

そして一年くらいのちのこと。骨を持ち帰った当の少年が、近所の幼稚園で遊んでいた。ちょうど幼稚園の校庭には工事用の下水管が積み上げてあり、少年はそのなかをくぐったりしておもちゃにしていた。

するといきなり、積んであった下水管のうちのひとつが、少年の腕に倒れかかってきたのである。そのまま下水管に腕をはさまれる形になり、彼も左腕を複雑骨折。やはり半年の重症を負ったのだった。

当時、骨を家に持ち帰り不思議な体験をすることになったKさんは、そのときのことをこう語っている。

「あのときの仲間の三人のうちふたりが手を折ったものですから、なんとなく三人めは私だろうと思っていました。あれは五年生になる春のことだったと思うんですが、下水管のなかに入って遊んでいて、その土管が手の上に落ちて……、あ、痛いなと思った瞬間、『やっぱり』という気がしましたね。ああ、こんなところに出たのかって」

活発でいたずら盛りの男の子のこと、ケガは日常茶飯事である。骨を拾って一年のあいだに少年たちがつづけてケガをしたのは、あるいは単なる偶然なのかもしれない。

しかし奇妙なのは、三人とも決まって左腕を骨折したことである。Kさんの左腕には、いまもそのときの傷跡が残っている。

「最初のひとりは、腕のなかほどでした。ふたりめは手首の近く。私は肘に近いほうを骨折したんです」

子どもっぽい冒険心から拾ってきた骨が、ほんとうに人骨だったのか。それも、左腕の部分の骨だったのか。いまとなっては確かめる術はない。そして少年たちの左腕の骨折が、その骨の祟りであったのかどうかも……。

だが、当事者となったKさんは、最後にこう語った。

「この事件で、世のなかには神なのか霊なのかわかりませんが、解明できないものがあるんだぞ、というのを教えられたような気がしましたね」

小学校の体験を語りたがらない当事者

「今回取材したなかで、これがいちばん怖い話だった」

番組のディレクターが最初にこの話を聞いたのは取材の八年前。一緒に仕事をしたカメラマンからだった。もともと怖い話が好きな彼は、このときもその種の話をしていたのだという。するとカメラマンが、

「実はこういう話があって……」

と左腕の骨をめぐる話を始めたのだった。ひとりめはこうして、ふたりめもこうして骨折、と話をすすめてから、カメラマンは話を聞いていたスタッフに向かっていった。

「最後に残ったぼくはどうなったと思う？」

「いやー、大丈夫だったんでしょ？」

するとカメラマンは左のそでをまくって傷跡を見せてくれたのである。

ディレクターはこの番組の企画が持ち上がってから、そのときのことを思い出して八年ぶりにカメラマンに電話をし、出演の承諾をとった。

「ぼくはいいけど、ほかのふたりは出演に応じないと思うよ」

彼のいうとおり、他のふたりからはそれぞれの理由できっぱり断られてしまった。

小学校のときの骨折。もうとうの昔に終わった出来事のはずである。ディレクターはそのとき、変だな、と割りきれないものを感じたという。

ディレクターとそのカメラマンは、一緒にカメラマンの故郷の町である現場に取材に出かけた。カメラマンが「どうもこのあたりらしい」という場所に行ったが、そのへんに墓場らしいものは何もなかった。

近所にある材木屋に行って話を聞いてみた。

「このへんに墓場がありますか」と聞いたが、そんなものはないという。そのかわり、この町の駅前会館のビルのあるあたりが、以前は土葬場だったという話をしてくれた。いままで多くの町の人たちを、希望者があれば土葬にしてきたのだという。その土葬場の上に三年前に三階建の駅前会館ができたのだった。

地元の人たちも取材には口を閉ざした

そこでカメラマンは本題に入った。

「実は私はこの町の出身で、子どものとき三人で遊んでいて骨を拾い、その後三人とも左腕の骨を折ったんです。いまだったらその理由がわかると思って来たんです。もしわかるのなら、おじさん、教えてもらえませんか」

するといきなり、その男性の表情がこわばった。

「それはいえない。いえないんだ」

と、まるでドラマを見るような劇的かつ不気味な展開になってしまい、何も教えてくれないのである。

これでは引き下がれないとばかりに、ふたりは必死に事実を聞き出そうとねばった。

「三人という数字が関係するんですか？」

「それは、土葬場だったという場所に関係しているのですか？」

カメラマンにとっては、いままで自分がずっとひっかかっていたことが解き明かされるかもしれないという瀬戸際である。ふたりがかりで三十分ほど説得してみた。

それでも決して教えてくれなかったという。

もちろん、ほかの住人に片っ端から聞くこともできたが、取材の感触からただならぬ事態を察し、そのときはそのまま帰らざるをえなかったのだという。結局カメラマンも、そのとき実家に立ち寄り、真相について尋ねることはしなかったようだ。

いったいこの町に、何が起こっているのだろうか。

第5章

機械にも魂が宿る？
不幸を招く車から人を襲う自販機まで

31 愛車スパイダーとJ・ディーンの謎

最初から危うい雰囲気が漂う車

主演作三本、スターの座にいることわずか一年。彗星のごとく映画界に現われ、人々の心に鮮烈な印象を残したまま、わずか二十四歳でこの世を去ったジェームス・ディーン。

デビュー作「ジャイアンツ」そして「理由なき反抗」は、彼を一躍スターダムに押し上げた。だが、彼は最後の作品となった「エデンの東」の公開を待たずに死んだのである。

彼の演技は不朽のものとして、いまだにわれわれの心をひきつけてやまない。その卓越した才能と、悲劇的な死は、彼を永遠の青春に閉じこめてしまった。

当時ジェームス・ディーンはレーシングカーの魅力に取りつかれ、撮影の合間をぬってはドライブを楽しんでいたという。

そして彼は、運命的な一台の車と出会った。

ハリウッド。映画の町として、さまざまな人間のドラマが織りなされる華やかな舞台。

若くして散ったJ．ディーンをとりこにした愛車ポルシェ550スパイダー

取材班はここに、ジェームス・ディーンのレーシングチームの専属デザイナーであったジョージ・バリスを訪ねた。

彼は、「バットマン」のバットカー、「バック・トゥ・ザ・フューチャー」のレロリア、「ナイトライダー」のナイト2000などを制作、ハリウッドに欠かせないオート・デザイナーでもある。

彼は、ジェームス・ディーンの死の直前、不吉な予感を振り払うことができなかったのだという。

「ディーンが車を買ったとき、私も友人も、ひと目見たときからなんだかその車にいやなものを感じた。それからディーンがサリナスに向かうまでの二週間、一緒にミーティングに行ったり、食事に行ったりして私も乗ったが、そのたびにその車にはいやな感じがして、どうも落ち着けなかったんだ」

その車とは、レースに備えてジェームス・ディーンが購入したシルバーのポルシェ550スパイダーである。バリスはこの車にレース・ナンバーの130と愛称の「リトル・バスタード」をペイントした。

「ディーンの友達でさえ、サリナスへ行く前の晩、彼に『行くな!』っていったらしい。私も、なんだかぜんぜん安心できずにいた」

その車にただならぬものを感じたのは、バリスだけではなかったのだ。

ディーンと面識のあったアレックス・ギネスも、ディーンがサリナスに向かう一週間前、その車を見るなり、

「それは早く手放したほうがいい」

と彼に忠告したという。ギネスはとくに霊感があるというわけではなく、ふだんはめったにそういうことは口にしない男だった。

ディーンだけでは終わらなかった犠牲者

そして一九五五年九月三十日金曜日、行くなと警告されたにもかかわらず、ディーンはレースのメカニックを担当するラルフと、愛車スパイダーで長距離ドライブに出かけた。

その日、ラルフは朝からエンジンの最終調整を行ない、ドライバー用のシートベルトを装着していた。

こうして昼食のあと、ロサンゼルスからレースの開催されるサリナスまでの三五〇マイルのドライブが始まった。九月の上旬に購入してからまだ日が浅いスパイダーの走行距離は、わずか八〇〇マイル。そのため、レースに出場する前の最終チェックをかねたドライブだったという。

スパイダーのうしろからは、カメラマンとディーンの友人で俳優のビル・ヒックマンがステーションワゴンに乗りこみ、空のトレーラーを曳きながらついてきていた。

ディーンとラルフは明るいカリフォルニアの青空の下、国道41号線を快適に走行していた。だが、このドライブには突然の終止符が打たれる。

サリナスを目前にした、午後五時四十五分ごろ、ディーンの運転するスパイダーが国道41号と46号が出会うY字路にさしかかったとき、対向車線を走ってきたフォードと激突。助手席のラルフは衝突の衝撃で車外に放り出され、重症を負った。フォードのドライバーは幸いにも軽い怪我ですんだ。

しかしディーンは、シートベルトのかいなく首の骨を骨折。車のなかでぐったりとしており、ほとんど即死の状態だった。あとを追ってきたステーションワゴンのふたりは、この惨状を目の当たりにしたのである。

ビルは親友の最後を見取り、カメラマンはディーンのレースでの活躍を撮影するはずだったカメラを取り出し、保険の請求用の資料として、事故現場の写真を撮る羽目になった（余談になるが、このときの写真は世に出ることはなかった。ディーンの世界的なコレクターである日本人が、カメラマンから直接譲り受けて所有しているという）。

事故の直後、今度はディーンとラルフを乗せてメモリアル病院に向かう途中の救急車が交通事故に巻きこまれた。幸い、たいした事故ではなく、かわりの救急車で運ばれることになった。

ラルフは一年の入院生活ののち、ドイツに戻ってポルシェ社に勤務するが、さらに数年後、ふたたび自動車事故にあい、今度は帰らぬ人となった。ディーンの死の現場に立ち会ったビルもカメラマンもその後、事故死している。

友人たちの懸念したとおり、この車はディーンの死を招き寄せてしまった。

持ち主に不幸をもたらすポルシェ・スパイダー

だが、不吉なポルシェ・スパイダーの犠牲者はこれだけではすまなかったのである。

あのとき嫌や予感を感じながら、ディーンを止めることができなかったジョージ・バリ

J．ディーンのレーシングチームの専属デザイナーだったジョージ・バリス氏

スはディーンの死後このスパイダーの残骸を買い取り、まだ使用可能な部品を回収することにした。のちにエンジン、トランスミッションなどの部品は、バリスからふたりの医者に譲り渡された。

ディーンの死の翌年に当たる一九五六年、このふたりの医師はそろってロサンゼルスで行なわれたポモナ・レースに出場する。

ところが、スパイダーのエンジンを搭載したウィリアム医師の車は、レース中にタイヤがはずれる事故を起こした。幸いウィリアム医師は無事だったものの、そこに居合わせたポモナ市の警察官の顔などに、飛んできたタイヤが当たって怪我をさせた。

さらに、この車のバックスイングアームを譲り受けて出場したトロイ医師は、レース中にスピン、樹木に激突して死亡してしまったのである。

バリスが所有する残りのボディは、カリフォルニア・ハイウエイ・パトロール主催の交通安全キャンペーンに展示されることが決定。各地をツアーすることになった。

一九五九年、フレスノでキャンペーン中、スパイダーのボディが置かれていた警察署のガレージが火事で崩れ落ち、ボディが焦げるという事件があった。バリスは大金をかけてこれを修理し、キャンペーンをつづけることにした。

だが、その後もこの呪われたスパイダーはおとなしくならず、周囲に災難をまき散らしつづける。それからまもなく、キャンペーン用にディスプレイしてあったスパイダーのマウントがはずれ、少年が大怪我。

さらに数週間後、あの因縁のサリナスへ運ばれる途中、運搬していたトラックがスリップして衝突事故を起こし、ドライバーが外に投げ出されて死亡。

つぎはオークランドで、トラックの荷台に積まれていたボディが突然ふたつに割れ、その一部がフリーウェイに転がり落ちて、さらに別の事故を誘発してしまった。

オレゴンでは、運搬中のトラックのブレーキが故障してスリップ、スパイダーごと店に突っこんでその店を全壊させてしまった。

このため、一九五九年の暮れ、ニューオルリンズまでたどりついたときには、スパイダーのボディは、十一ピースにまで分解、原型をとどめぬ、ばらばらの状態になっていた。修理をするために十分な時間と場所が必要だと思われた。

車が意志をもつかのように忽然と消えた残骸

一九六〇年、バリスはフロリダ・マイアミでの展示を最後にすることにし、今度はトラックでなく貨物列車で輸送することにした。

ところが、最後まで残ったスパイダーの残骸は、この輸送中に忽然と消えてしまい、二度と姿を現わすことはなかったのである。そのため、この輸送を聞きつけたジェームス・ディーンの熱狂的なファンが盗んだのだろうなどと、いろいろな推測が飛び交った。だが、結局犯人は捕まらず、スパイダーの行方は謎のままに終わった。

バリスはそれ以降、独自に私立探偵を雇って消えたスパイダーの行方を捜し求めつづけた。彼はいままで世界じゅうから集められた部品を六〇〇〇回以上見て調べた。だが、突然の消失から二十年以上経っても、手がかりはまったくつかめなかった。

シルバーのポルシェ・スパイダー。ジェームス・ディーンの夢の具現でもあったはずの車。それなのになぜ、持ち主に不幸をもたらし、その後も周りの人々を巻きこみながら、ひたすら自己破壊の道を突進していったのか。まるで車自身が意志をもち、自殺の衝動に身をまかせたかのように。一九六〇年以降、そのスパイダーはロサンゼルスから忽然と姿を消したままである。

一九一四年。第一次世界大戦の発端となった、サラエボの皇太子暗殺。そのときに皇太子が乗っていた車の部品から、この車をポルシェ社がつくったからではないかという噂も、一部ではささやかれているのである。

32 呪われた優美な船メアリー・セレスト号

出帆から一カ月で無人となって漂流

優美な曲線、見事な大きさ、誇らしげに帆を張る一隻の船。その優美な船が、呪われた船だということを、誰が信じようか。

一八七二年十二月五日。風のなえた穏やかな午後、北大西洋で漂流中の二本マストのブリック船メアリー・セレスト号が発見された。

同号はアゾレス諸島とポルトガル間のジブラルタル沖で完全にコントロールを失ってい

たところを、英国船デイ・グラシア号のモアハウス船長が発見したのだ。船に信号を送るものの、まったく返事はなかった。そして恐ろしいほど静かな様相をたたえて、この船は海に漂流するばかりであった。

モアハウス船長は、このメアリー・セレスト号を知っていた。いや、詳しくいえば、この船の船長であるベンジャミン・スプーナー・ブリッグズ船長まで知っていた。なにせ、約一カ月ほど前に、彼とニューヨークで食事をしたばかりなのだから。

メアリー・セレスト号は十一月五日に、イタリアのジェノバに向けてニューヨークのイースト・リバーの突堤から、アルコールの原料を積んで出帆した。これはデイ・グラシア号がジブラルタルに向けて出帆する十日前のことであった。

それから一カ月。メアリー・セレスト号は、太平洋のどまんなかをあてどなく漂流していたというわけだ。まったく人間の気配なしに。

船長は船のなかを調べるために、三人の船員を派遣した。しかし、デッキにはもちろんのこと、船内のどこにも人影がなかった。

パニックが起こったりしたようすもまるで見受けられない。ただし、救命ボートだけがどこにも見受けられなかった。これは、ブリッグズ船長がこの船を放棄したことを意味するものだった。

しかし、キャビンでは朝食の一部が食べかけのまま残っていた。スライスされ、こんがりと焼かれたトースト。フライドエッグ、ベーコン、それから手づくりの木の実のジャム。三杯の紅茶はさめかけてはいたものの、調理室のレンジはまだ熱かった。寝台のそばに置いてあった船長の時計だけが、ゆっくりと時を刻んでいた。まるで、時間だけがこの船を支配できるかのように——。

アマゾン号の時代から不運がつづいた船

メアリー・セレスト号は、つくられた当時から不運な船だった。それは不運という言葉よりも、「呪われた」という言葉でいい表わされたほうが、正解かもしれない。

この船は、はじめ〝アマゾン号〟という命名で華々しくデビューした。

しかし不幸なことに、この船の最初の船長は、この船に乗りこんでから四十八時間以内に死亡した。メイン州の沖合で漁船と接触し、船体を傷つけられたのだ。この修理中に船の中央部分から出火し、船員たちは全員死亡した。

さらに数年後には、英仏海峡を通過中に、別の帆船と衝突した。相手の船は一瞬のあいだに沈没してしまった。三人目の船長のときのことである。

四人めの船長のとき、ケープ・ブレントン島でアマゾン号はついに座礁し、大破した。

そのころ、船はすでに「呪われた船」と陰で噂されており、乗船を拒否するものまで現われはじめていた。

しかし、アマゾン号はなんとか原形をとどめており、その後三人の船主を転々として、最後にJ・H・ウィンチェスターに買い取られた。ニューヨークで活発に海運業を営んでいる会社の創業者である。

ウィンチェスターはこの船をメアリー・セレスト号という優美な名前に改名した。もちろん、あの噂は、知っていた。が、そんな噂を一掃するためにも、美しい名前を与えたかったのである。

もちろん、船も優雅に改善された。木材部分などアチコチが痛んでいたため、船底を銅張りとした。甲板船室を長くして船に優雅さを与えた。そして経験豊かなブリッグズ船長のもと、メアリー・セレスト号は初出帆の日を迎えたのだった。

この一連の修理により、かつての恐ろしい噂を消し去るほどの変貌を遂げた。たしかに同船は、面目を一新したはずであった。しかし、それも長くはつづかなかったことになる。

曳航した港で待っていた手荒い歓迎

さて、モアハウス船長はこの不運の船をしらみつぶしに調べあげた。甲板の下には多量の水が入りこんでいたが、船自体は十分に航海能力を保っており、沈没の懸念はまったくない。

とすれば、船長はなぜこの船を捨てたのか。謎だらけであった。

さらに詳しく調べてみると、船の羅針盤が壊れていた。原料アルコールのタンクのひとつが壊れて、内容物が流出していた。船員の衣服箱は部屋にそのまま残されていた。船を放棄したときの差し迫った状況を物語っている。

そして、モアハウス船長は恐ろしいものを発見した。航海日誌。最後の記入は十一月二十五日だったから、メアリー・セレスト号が少なくても九日間は乗組員なしで漂流していたことを証明した。

また、日誌に記録がある最後の位置から、およそ一二三〇キロ勝手に漂流していたことになる。

とすれば、あのテーブルに残されていた食事は、いったい誰がしていたものだろうか。

メアリー・セレスト号には、ブリッグズ船長と七人の船員、そしてブリッグズの妻のセアラと二歳の娘のソフィア・マティルダが乗船していた。

モアハウス船長はこのとき初めて、背筋が寒くなるのを感じたという。

彼はそのとき一緒に航海していた一等航海士のデボーの意見にそって、メアリー・セレスト号をジブラルタルに曳航することに決めた。噂が恐ろしくもあったが、曳航すれば、五〇〇〇ポンドの海難救助料が入るという魅力もあった。二つの船は、その六日後にジブラルタルに入港する。

しかし、そこで待っていたのは、デボーの期待した、勇気をたたえる称賛の言葉と歓迎の出迎えではなく、英国の官憲であった。メアリー・セレスト号を即刻差し押えるため、待っていたのだ。

それはまさに十三日の金曜日のことであった。

英国の官憲は、船内反乱あるいはイギリス人のモアハウスとアメリカ人のブリッグズの共謀詐欺を疑っていた。あるいは殺人事件。しかし、共謀詐欺についていえば、とくにブリッグズについていうならば、五〇〇〇ポンドの海難救助料はすずめの涙の金額にすぎなかった。なぜなら、彼はメアリー・セレスト号の共同所有者のひとりだったのだから。この船を失うことのほうが、大変な損失になるはずだった。

アメリカ側はこれをアメリカ商船隊全体に対する屈辱とみなして、激しく非難した。ブリッグズ船長は高潔な人格で知られていたし、アメリカの名士でもあった。また乗組員に反乱の種をまくような人物は誰ひとりいない、と。

一八七三年三月、英国の海事法廷はメアリー・セレスト号が海上で遺棄された理由を不明と認めざるをえなかった。

残された遺留品や傷跡は多かったが、それらは何かを語っているようで、解明にいたる事実を何も教えてはくれなかったのだ。

この事件は同法廷の歴史のなかで明確な結論を提示できなかった唯一のケースとなった。

最後まで数奇な運命をたどったブリッグズ船長

メアリー・セレスト号は、その後ニューヨークの所有者のもとへ返された。しかし、所有者はこれがニューヨークへ到着するやいなや、直ちに売却した。

その後十一年間、メアリー・セレスト号は多くのオーナーの手を転々とする。しかしこの船は何も富を生み出さなかった。それどころか、やはり不幸ばかりを生み出していた。

この船の最後の船長であるギルマン・C・パーカー船長は、西インド諸島でこの船を珊瑚礁の上に乗り上げてしまい、保険金の支払いを請求した。しかし、船舶を故意に座礁させたのではないかという疑いがもたれ、船長と乗組員ふたりは法廷に召喚された。当時、その罪が認められれば、絞首刑であった。

しかし裁判官は、メアリー・セレスト号の数知れない悲運をさまざまな角度から検討し、三人の関係者を窮地から救った。だが、三人はその後、わずか一年間に相次いで死んでいったのである。

そして、この事件を最後に、メアリー・セレスト号の噂はどこでも聞かなくなった。さらに、この船を知る者も誰もいなくなった。まるで呪いが解けたかのように。

この船が、まだ恐ろしい噂にまみれていたころ、英国とアメリカの主要な港では、厳重な見張りが四六時中監視していたという。もちろんブリッグズ船長と乗組員が姿を現わすのを待っていたのだ。

しかし、ついにその姿を見た者はいなかった。

33　はかりしれない人命を奪ったシャルンホルスト号

一九三九年、ドイツ海軍の要請で建造中であった巡洋艦シャルンホルスト号が、轟音をたてて横倒しとなった。

二万六〇〇〇トン――。その下敷きになった者、六十一名。助かった者はひとりもおらず、全員が即死であった。

これがシャルンホルスト号の殺人の始まりであった。

さらに数カ月後、ヒトラーの立ち会いのもとで予定されていた進水式の前夜、同号は台からはずれて勝手に進水し、周りの数隻のボートをものすごい勢いで潰した。ここにはやはり数名の乗組員がおり、シャルンホルスト号は実際の就航前から通常では考えられない悲劇を巻き起こしたのだ。

戦争が始まってからは、北洋海域で連合国側に多少の被害は与えたものの、それほど活躍したわけでもなかった。しかし、味方をつぎつぎに死に到らしめた数、という点では世界じゅうのどの艦船よりも際立っていた。

グダニスク攻撃の際には、大砲が暴発して味方九名が死亡した。

また別の場所では、砲塔に閉じ込められた十一人を窒息させた。なぜか扉の鍵もかかっていないのに開かなかったのである。

さらにオスロ封鎖で大きな被害をこうむって数百人の命が奪われてから、かろうじて帰港するや、ドイツの巨大な定期航路船ブレーメンに激突して、同号を沈没させた。

もちろんブレーメンにも数百人の乗組員がおり、全員の死亡が伝えられた。ブレーメンは引きあげられることもなかったが、シャルンホルストのほうは修理され見事に戦線に復帰した。

しかし、ついに一九四三年、イギリス海軍に撃沈され、三十六名を除く乗組員一四〇〇名あまりが死亡した。その数少ない生存者のうち二名は、せっかく厳寒の海を陸まで泳ぎ着いたのに、非常用のヒーターを点火しようとして命を落とした。シャルンホルスト号自体沈んでしまったというのに、この執念深さである。

シャルンホルスト号が奪った命ははかりしれなかった。味方の懐に入りこみ、相手を安心させて殺すスパイのようであった。それも大量に。

まるで悪魔の魂をもつような船だったのである。

34 受け入れ国のない困った船、シーニック号

石油タンカーのシーニック号もまた、人類史上伝説的に伝えられているいくつかの呪われた船同様、事故の多い船であった。

一九六五年の建造直後に機関室が火災に遇い、一九八〇年にメキシコに向かう途中で爆発炎上したのを最後に消息を絶った。

この船は、十五年ものあいだに実に数知れない事故に遇っている。合衆国沿岸警備隊によると、その間に起こした事故は十三件。数度の火災、ドックやブイの破壊、石油の漏出、

衝突、アレクサンドリア沖での座礁などである。

何の事故もなくその生涯を終える船もあるなかで、やはり、この数は普通ではなかった。あるとき、一騒動起こしたあとのシーニック号を受け入れるかどうか問われたスコットランドのフォース港湾局のスポークスマンは、

「受け入れるとするならば、当局で人員を総動員してこの船を厳重な監視下に置き、常時タグボートで脇を固めなければならないだろう」

と、語った。そして、

「受け入れる必要がないのであれば、われわれは受け入れたくない」

と、気の弱い発言をつづけていたという。

スコットランドでは無事だったが、この船はやはりつぎつぎと事故を起こした。フォース港で何も起こらなかったのは、ちょっとした偶然が重なっただけなのだろう。

35 好んで人を襲う陸軍のソフトドリンク販売機

ホラー作家のスティーブン・キングには自動車を主人公にした「クリスティーン」とい

う小説がある。

この小説のなかで車は意志をもち、殺人機械として周囲を恐怖に陥れる。

もちろん、これはフィクション。だが車にかぎらず、われわれ現代人は生活のありとあらゆる場面で無数の機械に囲まれているのだ。ときには機械が悪意をもっているとしか思えないようなことにも遭遇する。

この話の舞台は、アメリカ陸軍。軍隊といっても、常時緊張状態におかれているわけではない。

訓練が終わり、ほっと一息ついた兵士たちのために、タバコやソフトドリンクの自動販売機も随所に置かれている。

だが、陸軍のソフトドリンク販売機は油断のならない相手として有名だった。ともすれば「人の上に倒れてきたがる」とやっかいなうえに、非常に危険な習性をもっていたからである。この種の自動販売機の平均重量はおよそ半トンもある。のしかかられた人間はたまったものではない。

実際、一九八三年から一九八八年までのあいだに、陸軍においては複数の自動販売機がそれぞれいきなり倒れてきたため、避けきれなかった七人の兵士が死亡。さらに三十九人が、腕、足、背中、頭蓋骨等を骨折したのである。

この「人殺し自動販売機」たちは、とくに不安定な場所に置かれていたわけではない。また製品自体に欠陥があるわけでもなかった。

だが同様の事故はつづき、一九八八年四月のデイリー・テレグラフ紙は、ついにアメリカ陸軍当局がこれら「札つき」の自動販売機をすべて床にボルトで固定してしまうことにした、と報じた。

どうしてソフトドリンクの自動販売機だけが倒れてくるのか。しかも、なぜ陸軍でだけ、たてつづけにこういう事故が起こったのか。まさか陸軍の兵士だけが、なにか自動販売機の怨みを買うようなことをしたわけでもないだろうに。はっきりした原因はわからないままに終わった。

さすがにボルトで固定されたあとは何も起きることはなく、みな安心してソフトドリンクを楽しめるようになったという。

36 敵を殺してしまった負けず嫌いのコンピュータ

傷つくことなく人生を送ってきた人が、大きな痛手を受けたとき、なかなか立ち直れないことがある。機械にも同じことがいえるような事件が発生した。

一九八九年、旧ソビエトにおいて、国民的競技ともいえるチェスのチャンピオンを決める全国大会が開かれていた。

とくに、ニコライ・グドルフの腕は最強だった。ソ連には敵なし、とまでいわれ、彼はついにグランドマスターの座についた。

彼を迎え撃つものはもはや、チェスをするためにプログラミングされたソ連製のM2―11スーパーコンピュータだけであった。

しかし、そのコンピュータもニコライの前では、打つ手がなかったようだ。

そしてまさにチャンピオンが、コンピュータを三連敗に追いこむチェックメイトの手を打った瞬間、驚いたことに、競技していた金属製のチェスボードを介してコンピュータは、ニコライを感電死させたのだ。

このコンピュータは「殺人罪」のかどで裁判にかけられた。

「コンピュータは潔く負けることまでプログラミングされていなかった」

というのは弁護士の弁である。

第6章

テレパシーが存在する？
不思議な相似形を織りなす人たち

37 「ジム双子」という代名詞を生んだふたり

別々の環境で育ったふたりのジムの奇妙な一致点

ここで登場するのはジム・ルイスとジム・スプリンガー。

ふたりは一卵性双生児である。だが、一九三九年八月に生まれてまもなく、別々の家庭に養子に出された。

兄はオハイオ州リマに住むルイス夫妻のもとへ。そして弟は、オハイオ州デイトンのスプリンガー夫妻のもとへと引き取られていった。

そしてこのとき、不思議な偶然により、どちらも新しい親から「ジム」と名づけられたのである。

六歳のころ、双子の兄ジム・ルイスは、自分が養子であること、そしてどこかに生き別れになった双子の弟がいることを知った。

だが、それを知ったところで、子どもにはなす術もない。ジム・ルイスが本腰を入れて双子の兄弟を探しはじめたのは、一九七九年、三十九歳のときであった。

「ジム双子」という代名詞にまでなった不思議な相似形をなすふたりのジム

幸いジム・ルイスは、出生当時彼らの養子縁組の手続きに立ち会った裁判所の協力を得ることができた。そのうえ養子縁組先がどちらも同じ州内であったため、調査は思ったよりもはかどったのである。ジム・ルイスは、それからわずか六週間後に、デイトンのスプリンガー家を訪ねることができた。

堅く握手を交わしたふたりのジムは、不思議な感動にとらわれた。一卵性双生児ということである程度は予想していたものの、外見上きわめて似通っていた。また肉体的な特徴もかなり一致していることがわかった。

ふたりとも爪を嚙むくせがあり、不眠症ぎみ。どちらも十八歳のときから偏頭痛が始まったが、同じころに症状が消えている。ふたりとも心臓など同じところに持病があり、同じような体重の変化を経て、まったく同じ体重になっていた。

だが、これはほんの序の口だった。これらの一致はある程度、同じ遺伝子をもつ双子の体質の一致という点から説明が可能だからだ。

ふたりは職歴も似通っていた。いずれも、最初は保安官補を務め、つぎはガソリンスタンド勤務、そのつぎはマクドナルドのハンバーガーチェーンであった。

趣味や習慣にも共通点が多々あった。ふたりともチェーン・スモーカーで、吸っている煙草の銘柄も同じ。ふたりが毎年夏の休暇を過ごしていたのは、フロリダの同じ海岸であることもわかった。ふたりとも日曜大工が趣味で、そのために半地下の仕事場を自宅にもっているなどである。

なんと、ふたりの妻、飼い犬の名前も同じ

だが、ふたりのもっとも驚くべき一致点は、もっと奇妙なところにあったのである。

ふたりとも最初に結婚したのは、リンダという名前の女性だった。

この最初の結婚でふたりのジムは息子の父親となり、それぞれ息子をジェームズ・アランと名づけた。

しかし、なぜかふたりとも最初の妻とうまくいかなくなり離婚。やがて別の女性と再婚

するのだが、ここでまたふたりとも、ベティという名の女性と再婚したのである。ふたりが同じころに飼った犬の名前は、どちらもトーイと名づけられた。

五十二歳の時点では、ふたりのジムの境遇はまったく同じではない。

「こっちのジム（スプリンガー）は真面目な奴だから、結婚はまだ二回めだ」

と、ジム・ルイス。彼のほうは、さらに妻のベティと離婚、その後グロリア・サンディという女性と再婚している。

つぎに結婚するときは、グロリアという女性にしますか？　という問いに答えて、ジム・スプリンガーはいった。

「いや、私には三度めの結婚はないだろう。いまのままで満足している」

科学では割りきれない何かの力が働いているのか、ふたりのジムのこの不思議な一致は注目を集めた。ふたりがお茶の間の人気番組ジョニー・カースンのトーク・ショーで取り上げられたのをたまたま見ていたトム・ボーチャードという心理学者は、ミネソタ大学を説得し、離れ離れに成長した双子の偶然の一致を学問的に研究するための資金を引き出した。

「ジム双子」という言葉は、幼いころに引き離され、別々の環境で育てられた一卵性双生児をさす研究上の代名詞となったのである。

38 映像で実証された、ふたり姉妹の驚異的な一致

ふたりが初めて再会した日の服装はまったく同じ

ロンドンから車で二時間、ドーバー海峡に臨む、小さな町。

バーバラ・ハーバートはこの穏やかな港町に家族と住む中年の主婦である。

彼女は一九三九年、ロンドンの病院で産声をあげたが、家庭の事情から出生後すぐに里子に出されたのだという。

そのまま養子先で育った彼女は、二十歳のとき初めて、自分には双子の姉妹がいることを知った。

イギリス・ルートンの町。ここでは、双子のもうひとり、ダフニー・グッドマンが、やはり家族とともに、幸せな生活を送っている。

まだ見ぬ姉妹はおたがいに連絡を取り合い、最初にふたりが会ったのは、キングスクロスの駅だった。バーバラ夫妻はダフニー夫妻を出迎えるため、駅のホームで待っていた。

列車がホームに入ってきて、ドアが開き乗客が降りてきたとき、バーバラ夫妻の待って

いたまさにその位置に、開いたドアからダフニー夫妻はホームに降り立ったのである。

一卵性双生児のバーバラとダフニーはそっくりで、見間違えるはずもなかったが、これで人混みのなかを捜しまわる手間が省けてしまった。

このように生き別れの双子の片割れと感激の再会をはたしたふたりは、再会を祝ってパーティを開いた。このときふたりは、別に演出効果を狙って示しあわせたわけでもないのに、髪を同じ金褐色に染め、ベージュ色の服と茶色のベルベットのジャケットというまったく同じ姿で現われたのである。

びっくりしたふたりがいろいろ確かめてみたところ、ふたりの身につけている下着まで、同じスーパーで売られている同じ銘柄、同じ色のものであることがわかった。

このとき撮った写真はいまでも残っているという。

インタビューの答えの驚くべき一致点

取材班は、このふたりの女性に、まったく違う日時、違う場所で、まったく同じ質問をしてみた。するとさらにこのふたりには、さまざまな共通点があることがわかった。

――最初にご主人と出会ったのは？

バーバラ「あれはクリスマス・イブの晩、町のダンス・ホールでした」

後日取材のため同じ場所に呼んだときのふたりの服装。ゾッとするほど似ている

ダフニー「タウン・ホールのダンス・パーティのときでした」

――家族構成を教えてください！

バーバラ「最初の子は流産してしまい、そのあと息子がふたりと娘がひとり生まれました」

ダフニー「最初の子は流産してしまいましたが、その後生まれたふたりの息子と、娘がひとりいます。あと、男と女の子がひとりずつです」

――いままで何か事故にあった経験がありますか？

バーバラ「十五歳のとき、階段から落ちて、くるぶしをひどく打ってしまいました。それ以来、くるぶしが弱くなってしまい、よくくじくんです」

ダフニー「学校に通っていたころ、階段から落ちて足をくじき、くるぶしを弱くしてしまいました。そして働きはじめたころまた階段から落ちて、今度は顔を打ちました。どうも私は階段から落ちるのが好きみたい」

――ティータイムには、何を召し上がりますか？

バーバラ「夕食のとき、ブラック・コーヒーを飲みます。コーヒーが熱すぎるときは水で冷まします。熱いコーヒーは飲まないんです」

ダフニー「ふだんはブラック・コーヒーです。でもコーヒーが熱すぎるときは水で冷ましてから飲んでます」

　ちなみにイギリスでは、紅茶でなくブラック・コーヒーを毎日飲む人というのは、かなり珍しい部類に入る。

――何かくせはありますか？

バーバラ「鼻をこするくせがあります。気がつくとこうやって、鼻の頭を下から上にこすっているんです」

ダフニー「鼻をこするくせです。こうやって、鼻の頭を、回したり、上下させたりしてしまうんです」

　別の日、取材班の要請に応えて、久しぶりに再会したふたりは、また偶然にも似たようなオレンジ色のワンピースを着てやってきて、スタッフを驚かせた。

ふたりが確認した細かい偶然の一致

ほかにもこのふたりには、小さいながら見逃せない偶然の一致がたくさん見られる。

バーバラとダフニーをそれぞれ引き取って育ててくれたふたりの養母は、同じ生年月日だったという。そして、いずれも彼女たちが成人する前に亡くなっている。

バーバラは小さいころ、戦火を避けるためにフィルチェスターの町に学童疎開をしていたことがある。ダフニー夫妻はそのことを知らなかったが、たまたま幼い子どもたちを連れてフィルチェスターの町に引っ越してきた。そのためダフニー夫妻の子どもは、バーバラがそのころ通っていたのとまったく同じ学校に通うことになったのだった。

バーバラは現在の夫と結婚してハーバード姓になるまでは、サンドルという名前だった。ダフニーは子ども時代、サンドルという場所で育っている。サンドルというのは人の苗字としても、土地の名前としてもかなり珍しいものである。

また別々の環境で育てられたのに、ふたりの好みは不思議と似通っている。ブラック・コーヒーが好きなのはインタビューのとおりだが、さらにふたりが好んでたしなむお酒はジンである。好きな作家もだいたい一致している。

ふたりとも同じ婦人雑誌を購読していた。再会していろいろ話しているうちに、この雑誌の「あなたもメイクアップで変身」というページに、同時期に申し込みをしていたこともわかった。ふたりはこの婦人雑誌をいまでももっているという。

ふたりはともに、心臓に雑音があるのを指摘されたことがあり、軽い甲状腺肥大を患ったことがある。このへんの身体的特徴の一致にかぎるなら、一卵性双生児の遺伝子がなせるわざという説明も成り立つ。だが、なぜ、同じころに同じような事故にあい、同じところを怪我したのだろうか。また、まったく違った家庭環境で育てられ、成人するまでおたがいの存在さえ知らなかったにもかかわらず、なぜこうまで趣味や嗜好が似ているのか。

一卵性双生児。同じひとつの受精卵を分け合ったということ自体が、ある意味では偶然の産物ともいえるふたり。彼らには同じ遺伝子をもっているというだけでは説明することのできない一致も、ずいぶん見られるのである。

39　おすぎとピーコにもある「双子の神秘」

双子には相手の危険を察知するテレパシーが存在するともいわれているが、おすぎとピ

おすぎとピーコの不思議な双子の神秘について語るピーコさん

ーコの場合は、子どものころから、ひとりがケガや病気をすると、なぜかもうひとりも、その直後に同じようなケガや病気をすることが多かった。

「小さいころ、まだアスファルト舗装のない泥道で遊んでいて、わたしが右足の膝小僧をケガしたんです。するとそのあとすぐ、五分くらいの差で、おすぎのほうも左足の、同じ膝のところをケガしてきたり……。わたしが胃が痛くなって学校から早退してくると、二、三日後におすぎも同じように早退してきたり、ということがありましたね」

最近でも、こんな偶然があったという。

ピーコとおすぎは行きつけの宝石屋が同じだが、行くときはまったく別々である。

「わたしが店に行って宝石を見せてもらって、

『あっ、このダイヤいいわね。このデザインいいじゃない。これ、わたしにとっておいてください』というと、店の人に『すみません、これはもうおすぎさんがとってあるんで……』といわれたこともあります」

双子ゆえに、ふたりのきずなはとても強い。高校を卒業したあと、おすぎは大阪に就職したため、一時期だけふたりが離れたことがあった。

「すごく離れるのがいやでしたね。それまでずっと離れたことがありませんでしたから。そのときに横浜駅のホームで、大阪行きの急行電車を追いかけて、わんわん泣いたのを覚えています」

40　双生児に見られる、遺伝では解決しない数々の偶然

「ジム双子」に強い関心をもったミネソタ大学の心理学者トム・ボーチャードは、ジム双子と同じように、生まれてまもなく別れ別れになり、それ以来一度も会わずに成長した双子を集めて研究することにした。

研究の最初の数年間で、トム・ボーチャードはこの条件に一致する双子を三十四組発見

することができた。

そして、その双子たちにもジム双子の場合と同じく、いろいろ偶然の一致が起こっていることがわかった。

たとえば、イギリスの双子の姉妹、マーガレット・リチャードとテリー・コノリーの場合。このふたりは三十代後半になるまで、自分が双子の片割れであることを知らなかった。それにもかかわらず、このふたりは、同年同日のほとんど同じ時刻に、別々の土地で結婚式を挙げているのである。

とくに同じ卵子の分割によって生まれ、同一の遺伝子をもつ一卵性の双子には、さらにきわだって不思議な偶然の一致が見られるようだ。

ドロシー・ローとブリジット・ハリソンは別々に育った一卵性双生児の姉妹である。このふたりはたまたま一九六二年の一年間だけ日記をつけていた。日記帳に記入した日もまったく同じうえに、日記帳自体も、同じような色とつくりのものだった。

ふたりとも子どものときにピアノを習ったが、同じ年にやめている。またふたりとも派手な宝石類が大好きだった。

彼女たちはやがて結婚して子どもが生まれた。ふたりは生まれた男の子にそれぞれリチャード・アンドルーとアンドルー・リチャードという名前をつけた。女の子が生まれると、それぞれ、キャサリン・ルイーズとカレン・ルイーズという名にした。ドロシー・ローは娘の名前をはじめはキャサリンにするつもりだったという。だが、親類の人のご機嫌をとるためにカレンに変えてしまったのだ。

ふたりはそのほかにもさまざまな点が一致している。つける香水の銘柄は同じ。ベッドルームのドアを少しだけ開けておく習慣。ふたりとも脳膜炎にかかったことがあるし、縫いぐるみの人形を集める趣味がある。また、猫を飼っており、名前はタイガー。

ボーチャードが行なった知能テストでも、ふたりはほとんど同じ結果だったという。

ジャネット・ハミルトンとアイリーン・リードは、一九七九年に自分が双子の片割れであるのを知った。初めて会ったふたりは、自分たちのさまざまな共通点を発見した。閉所恐怖症で、高所恐怖症でもある。そのうえ水が嫌いで、海岸では海に背中を向けて座るようにしている。雨の日には右足の同じところが痛くなる。また、ふたりとも天才的な暗算の才能がある。

子どものころはどちらもガールスカウトのリーダーをしていたし、成長してからは、同じ化粧品会社に勤めたこともあるのがわかった。

ボーチャードが集めた双子の例には、もっと極端な差のある環境で育てられたケースもあった。

オスカー・ストールとジャック・ユッフェは一九三三年、トリニダッドで生まれた。両親はその後まもなく離婚し、ふたりを別々に引き取ったのである。

オスカーはドイツに行き、当時台頭してきていたナチの少年組織であるヒトラー・ユーゲントに入った。ジャックのほうはこれとはまったく対照的に、正統派ユダヤ教徒として育てられた。

一九七九年、ふたりは空港で偶然出会った。そのときの格好は、同じ金縁の眼鏡をかけて、同じ形の口髭を生やし、さらに同じ肩飾りのついたブルーのシャツというものだった。オスカーはドイツ語、ジャックは英語しか話さない。それでもこのふたりのあいだには、ほかにもさまざまな細かい類似点があった。ふたりとも、トイレに入ると必ず、使用前と使用後に水を流すくせがある。手首にはゴムバンドをつけており、レストランでは新聞を読みながらひとりで食事をするのが好きだ。

話す言葉は違っても、話すリズムは似通っており、歩き方も座り方も同じ。ふたりともプラクティカル・ジョークを好むところまで似ている。

はるかな距離を隔てて育てられた双子。それでも現われる数々の一致。そこには単なる遺伝上の類似だけではなく、目には見えないきずなが存在しているかのようだ。

41 二代つづけて「アストロ・ツイン」の不思議

シンクロニシティという言葉の産みの親である心理学者のC・G・ユングは占星術にも深い興味を抱いていた。彼は結婚している四〇〇組のカップルのホロスコープを統計学的に調べた実験も行なっている。

ご存知のように、占星術は人間が地上に生を受けたときの星の位置で運命を占うものである。つまり、同じ日の同じ時刻に生まれた人間のホロスコープは同じなので、占星術の理論上、彼らは同一の運命を背負うことになるのだ。

そのため占星術では、誕生日も生まれた時刻も同じふたりを「アストロ・ツイン」と呼ぶ。「運命上の双子」だという意味である。

アメリカのジョーゼフ・グッダヴェイジはその著書のなかで、たくさんのアストロ・ツインの実例をあげている。ここではそのなかでもいちばん顕著なものを紹介しよう。

一九三九年、ニュージャージー州ハッケンサックの病院で、ふたりの女性が出会った。ふたりとも最初の子どもを出産するために病院の産婦人科に通院していたのである。

ふとしたことから言葉を交わしたふたりは、おたがいのファースト・ネームがエドナだということを知って、親近感を抱いた。

さらに驚いたことには、誕生日までぴったり同じだったのである。健康なふたりの妊婦はすっかり親しくなり、病院の退屈な待ち時間をまぎらわすため、女どうしの気楽なおしゃべりを始めた。

「夫のハロルドも最初の子を楽しみにしているんですよ。どっちが生まれるかなって」

「うちの夫もハロルドっていうんです。すごい偶然ね！　私たちが同じ名前なだけでビックリなのに、そのうえ同じ名前の人と結婚しているなんて」

だが同じなのはそれだけではなかった。夫は職業も同じ、そしてメーカーも車種も色まで同じ車に乗って仕事に通っていた。

さらにいろいろ話すうちに、ふたりのエドナはキリスト教の同じ宗派に属することがわかった。夫とは宗派が違うのが彼女たちのちょっとした悩みの種だったのだが、なんと彼女たちの夫同士は同じ宗派に属していた。

そのうえ、ふたりとも似たような大きさの雑種の犬を飼っていることもわかった。どちらの犬も名前はスポット。犬の歳まで同じだった。

やがて、ふたりのエドナの陣痛が始まった。そして同じ日の同じ時間に待望の第一子をこの世に送り出すことになった。その子どもたちもまた、新たなアストロ・ツインとして生まれたのである。

どちらも女の子。出生時の体重もほとんど同じだった。そして、それぞれ母親の名前を取って、パトリシア・エドナと名づけられたのだった。

42 同じ社会保障番号といういたずらに困惑する人々

アメリカ市民にとって、社会保障番号は非常に大事なものである。これは一種の背番号制度のようなものであり、年金や各種の社会福祉、国内の税金などはこれに基づいて処理されるからだ。外国人の場合も、アメリカで生活する際には社会保障局に申請し、番号を受け取る仕組みになっている。

社会保障局によれば、同一の社会保障番号をもった人が出会ったり、それに基づくトラブルが生じることは「事実上ありえないこと」という。この番号は、各地域ごとに申し込み順につけられるため、同じ番号の人がたまたまぶつかる確率は計算上一〇〇万分の一にすぎないといわれているからだ。

ところが、その一〇〇万分の一の確率にたまたま出会ってしまった人がいる。

カリフォルニアのある歯科医は困惑した。いつものように、患者の医療保険その他について事務上の処理をしていたとき、非常に見慣れた番号を目にしたからである。それは彼自身の社会保障番号であった。それが、彼が治療中の女性患者の社会保障番号欄に記入されているのだ。

驚いた彼は、本人に確かめてみた。だが、記入ミスではなかった。それは間違いなく彼女の社会保障番号でもあったのだ。たしかに、歯科医が社会保障番号を取得したのはカリフォルニアではなかった。彼は約三十年前、ミシガンでその番号を手に入れたのだった。

彼は社会保障局に厳重な抗議を行なった。

「これは制度自体の信頼性を揺るがす問題だ！　どうしてこんなことが起こるんだ」

だが、社会保障局は歯科医が納得のいくような説明ができなかったという。この場合、性別も年齢も違いがはっきりしているため、深刻なトラブルは起こらずにすんだ。

だが、カリフォルニアに住むふたりの女性の場合は、そうはいかなかった。

ある日、いっぽうの女性は送られてきた税金の請求書を見てびっくりした。心あたりのない額の請求がされていたのである。

役所に何度も問い合わせて調べてもらった結果、この州にはもうひとり、同じ社会保障番号をもつ女性がいることがわかった。そちらの女性の分の請求が間違って彼女のほうに来ていたのである。

ふたりの名前はパティ・アン・エルウッドとパティ・アン・カールステッド（旧姓エルウッド）。片方が結婚で姓が変わるまで、彼女たちは同姓同名だった。間違われるのも無理はなかった。

だが、その後もこの間違った税金の請求はつづいた。彼女たちはすでに九年間も社会保障番号の変更を要求しつづけている。

さらに困った例もある。ともに一九五六年六月四日生まれのジェイムズ・カーク・パトリック・ジュニアという同じ名前の人物がふたりいた。この偶然の一致だけでも相当に珍しいといわなければならない。しかも、このふたりは社会保障番号まで同じだったのだ。おかげで、さまざまな混乱が生じた。いくら別人であるといっても、名前も誕生日も同じ、社会保障番号も同じとくれば、書類上なかなか区別できるものではない。

もちろんこのふたりも、番号の変更を請求している。

社会保障番号が同じだけでも、確率は一〇〇万分の一。さらに同姓同名、生年月日まで同じ人物が出会ってしまうことなど、確率上は限りなくゼロに近い。

だが、偶然の一致はこの数学上の確率を無視している。起こりうる可能性がわずかでもあれば、それは起こってしまうものであるらしい。

第7章

なぜ？　驚愕の事件・事故に隠された恐怖の偶然の一致

43　広島橋桁落下事故のわずかな差からくる明暗

難を免れた人々のそれぞれの理由

平成三年三月十四日午後二時五分、広島市の建設工事現場で、工事中の橋桁の鉄骨が、十メートル下の県道に落下。信号待ちをしていた十一台の車が下敷きとなり、このとき鉄骨とともに落下した現場作業員を含む十五人が死亡した。

鉄骨の重さは五三トン。下敷きになった乗用車はぺしゃんこになり、ほとんど原形をとどめなかった。いまなお人々の記憶に残る、悲惨な事故であった。

この事故の犠牲になった人々は、作業員を除くと、おたがいに関係のない人たちの集まりである。それぞれの日常的な用事をはたすため、たまたまこの日車で移動中、信号待ちの列に並んだ。そして、あまりにも不運な事故に巻き込まれることになった。

もし、信号の変わるのが、わずかでも早かったら、あるいは遅かったら、被害者の顔ぶれはまったく違っていたはずであった。

事実、この事故に巻きこまれながらも、ほんのわずかな偶然のおかげで、命拾いした人

広島橋桁落下事故から偶然逃れ助かったタクシー運転手の浦山弘さん

たちがいる。

　娘を助手席に乗せ、ふたりで銀行に行く途中だったある主婦は、たまたま事故に遭遇。車の屋根がV字型に凹む衝撃を受けた。しかし幸いなことに、ちょうど運転席と助手席のあいだに屋根が食い込む形になり、ふたりとも軽傷ですんだ。

　間一髪で事故を免れたタクシー運転手の浦山弘さんの話。

「広島市からお客さんを乗せて、橋桁のところまで来たんです。ちょうどあそこの信号が、黄色の注意信号になっていて、私の前にワゴン車が一台止まったんです」

　もしそのままだったら、浦山さんはそのワゴン車ともども、橋桁落下の犠牲になっていたはずであった。

「いつもはそんなことはしないのに、なぜかそのとき私は前の車にクラクションを鳴らして、『行け！』と合図し、ワゴン車が交差点を通過したのについて前に出た。渡ったとたん、後方でドーンと音がしたんです。そのあと当分、震えが止まりませんでした」

いつもなら黄色の信号で必ず止まるはずの浦山さんは、この日にかぎってクラクションを鳴らして通過し、そのおかげで助かったのである。

同じく九死に一生を得た自営業者の大川勝利さんは、そのときお得意先から急な注文が入り、配達した帰り道にこの現場を通りかかった。

「信号が青になったので、発進して左折しました。県道に入ったとたんに、上から物が落ちてきて、気がつくと助手席にジャッキが落ち、それが跳ね返って膝に……。ほかに何も考える余裕なんてありませんでした。もう死んだ、と思いましたね」

広島のあと続いた建設現場の事故

実は大川さんは事件のあと、気になる話を聞いている。

「橋桁が落ちたあとで聞いた話なのですが、あそこには以前墓があって、その墓を移動して道路を通したんだそうです。墓を移したから落ちたんだ、という話でした」

大川さんは、その後こんな話も聞いた。知り合いの人と食事をしたときのことである。

「その人のヨメさんが、墓石を動かした数が十五、事故で亡くなった人がちょうど十五人。何か関係あるのでは、といっていました」

事故現場は昔墓場で、そこから十五人の墓を動かした。そのいくつかは現場から一五〇メートル離れた墓地に移動されたというのだ。

動かされた墓石と犠牲者の数の不思議な一致は、ただの偶然なのだろうか。

また、この事故が起きた平成三年三月には、広島橋桁事故からわずか七日のあいだに、さらに四件、建設現場に関わる事故が連続して起こった。

三月十六日には、東京都立川市で建設現場の大型くい打ち機が倒れ、隣接していた木造アパートを破壊、休日で部屋にいた大学生など住民二名が死亡している。

三日後の三月十九日には、東京都品川区で、やはり作業中のクレーン車が横倒しとなり、住宅一軒を破壊した。

その翌日には、千葉県八千代市の共同墓地で、墓石の据えつけをしていたクレーン車が転倒。作業員二名が重軽傷を負う。

同じ日に神奈川県相模原市では、清掃工場で六〇〇キロのコンクリート板が落下。作業員二名が死亡、一名が重症を負った。

工事現場の作業員不足と、技術の未熟さなど、さまざまな理由が取り沙汰された。だが、広島橋桁事故からの一週間は、かつてないほどにこの種の事件が頻発したのである。事故が事故を呼ぶというジンクスは、ここでも証明された形になった。

放映されなかった取材で得た奇妙な話

取材班がこの事件に注目したのは、事故の犠牲になった人々は、ほんとうに些細な偶然の積み重なった結果、その場に居合わせてしまったという事実である。

誰もが予測できなかった、まさかの過失。毎日そこを車で通りかかる人の数は何千もいたはずだ。事故の報道に、「もしかしたら、あれは自分だったかも」と肝を冷やした人も多かったことだろう。

信号待ちの列に並ぶのがわずかに早ければ、あるいは遅ければ、犠牲になったのは他の人であったのかもしれない、と関係者は考えたことだろう。現代社会においても、人々の命は危ういバランスの上にあることを、いまさらながらに教えてくれた事件であった。

ほんのわずかの差で事故をのがれた人々を探しあて、取材班はインタビューを行なった。

娘ともども命拾いしたある主婦は、この事故の三、四日前に、広島の町を歩いていて知らない人に呼び止められた。

「あなたはいい人相をしてますね」

呼び止めた人は占い師だった。

「あなたは近々大きな事故にあうけれど、助かりますよ」

たしかにそのとおりのことが起こった。車はひどく壊れたものの、乗っていたふたりは、比較的軽い怪我ですんだのである。

いつもの習慣をこのときにかぎって破り、信号が黄色なのに強引にクラクションを鳴らして前進したために助かったタクシー運転手。

彼はすぐうしろで鉄骨が落下する轟音を耳にし、後続の車がぺしゃんこに押し潰されたようすを見てしまった。そのショックで、まる一日足の震えが止まらなかったという。

実は、この運転手が間一髪で命拾いしたのは、これが三度めのことであった。これまでも二回ほど、自動車の事故に巻きこまれかけては助かっているのだ。奥さんも彼の言葉を裏づけている。

この運転手がタクシーによく乗せるお得意さんがいる。社長をしている女性で、いつも事故現場の近くでタクシーを降りる。

この女性は、運転手が事故現場のルートをとるのをとてもいやがった。

「ここはいやな感じがするから通らないでほしい」

そのため、運転手はいつも遠回りをして違う道を通っていたのだという。

この女性にもぜひ話を聞きたかったのだが、運転手はいった。

「お客様なので、名前を出すのは勘弁してください」

そのため残念ながら、この女性が具体的にどういう感じを受けていたのかを知ることはできなかった。

配達の帰りに通りかかって、わずかの差で助かった自営業者も運が強い人であった。

子どものころ、四十三度近い高熱が何日もつづいた。手を尽くしても熱は下がらず、もう助からないだろうとついに医者に見放されてしまった。そのとき、藁にもすがる思いで家族が知り合いから聞かされた民間療法を試してみたのだという。それが効を奏したのか、彼の熱はひき、無事に健康体に戻ることができた。

成長した彼はある日、家の屋根から落ちて頭を打ち、意識不明になった。なかなか意識が戻らず、またしても医者は彼の命を諦めたという。しかし幸い三日めになって息を吹き返したのだ。

今回の事故は、彼にとっても三度めの命拾いとなったのである。

現場を取材している最中に、停電になって電気が消えてしまうというハプニングが三回つづけて起こった。

「なんか、ヤな感じだな」

取材スタッフはそれでも撮影を続行した。そのとき初めて、実は現場は昔墓地であり、墓石を動かした数と、犠牲者の数が一致しているという噂があるという話を聞いて、ゾッとしたのだ。

「ゲストの井崎さんや稲川さんの話のなかにも、昔墓だったところで事故が起こる話がありましたよね。そういうことはあまり信じているわけじゃないんですが、いろいろ聞くと、この世には理性だけでは割りきれないことがあるのかな、と思いますよね」

取材に同行したディレクターは、そのように語った。

44

ＪＡＬ墜落事故にかかわる不幸な因縁

墜落地と機内誌の不思議な相関関係

一九八五年八月十二日、日本列島を走った衝撃の大惨事を覚えている人は多いことだろう。日本航空ＪＡＬ１２３便が群馬県上野村の御巣鷹山に墜落。五二〇名の犠牲者を出した、あのいたましい事故である。

羽田から飛び立ったあと、突如行方知れずとなった123便のニュースはまたたく間に報じられ、日本じゅうがかたずを飲んだ。八方手をつくした捜索の結果、やがて123便は御巣鷹山に墜落していることが確認された。

事故現場の惨状、数人の生き残った人たちの救出劇——テレビニュースのセンセーショナルな場面場面は、いまだに多くの人の脳裏に焼きついている。

さて、シンクロニシティの観点から見ると、このかつてないほどの犠牲者を出した事故にも、さまざまな因縁がついてまわっている。

たとえば、JALの機内誌『ウイング』がそうだ。

事故機に積まれていたのは、『ウイング』八五年九月号だった。その号の記事に、なんと事故機の墜落現場、上野村の黒沢丈夫村長が登場していたのである。

月一回発行される『ウイング』には、各種の企画ページがある。全国四十七都道府県のユニークな人物を交替でインタビューして紹介するその企画も毎月掲載されていた。たまたま九月号の順番が群馬県になっていたのである。

九月号の企画は順調に進み、インタビュー対象者を選ぶこととなった。対象者をリストアップしたのち、選出されたのは黒沢村長。村長への取材が実施されたのは、事故の二カ月前、六月のことだった。

もちろん、二カ月後に、日本航空がこの不幸な偶然の一致に驚き嘆く事態になってしまうこと、インタビューを受けた黒沢村長がこの不幸な因縁に公私ともに振りまわされることになるなど、予測できるものではなかった。

そして八月、あってはならないことが現実となったのである。

それにしても、全国に四十七もある都道府県のうち、よりによって群馬県が選ばれたのはなぜなのだろう。まったくの偶然とはいえ、事故が起きた上野村の村長が取材対象者に選択されてしまったのはなぜなのだろう。

まさに天文学的な偶然の一致――。

悲惨な事故の裏に隠された驚くべき事実。

〝天文学的〟としか表現できない、不幸な偶然の一致。ここでも、人智のおよばないところで何かが起こった。

この『ウイング』九月号は、「乗客や遺族の方が事故を思い出すことがあってはならない」との日本航空の意向から、すべて廃棄処分にされた。黒沢村長の二カ月前のコメントの数々は事故によって葬られたのである。

ちなみに、黒沢村長は第二次大戦中ゼロ戦のパイロットで特攻隊員であったという。飛行機と深くかかわる上野村の村長。

不幸な事故には、不幸な因縁がついてまわっている。

父の悲痛な叫びが掲載させた少女の写真

さらに、JAL123便のもたらした不幸な因縁をつづけよう。

123便墜落事故は、連日テレビニュースのトップで流され、新聞の一面で報道されつづけた。八月十九日のあるスポーツ新聞の紙面にも、当然このニュースの関連記事が掲載されていた。

そこに印刷されていた一枚の写真がエピソードを生んだ。

事故現場で発見された少女の写真を複写して掲載したのが、それである。オカッパ頭のいたいけな少女——その写真の被写体が誰かはわからないまま、スポーツ新聞社は「この写真の少女は誰?」との見出しをつけて掲載したのだった。

八月十九日の朝、そのスポーツ新聞を広げたひとりの主婦が声をあげた。

その女性は電話を捜し、いそいで新聞社に連絡をとった。

「私の娘です」

夫と娘が事故に遭遇したその女性は、事故現場の近くで遺体確認作業のなりゆきを見守っていた。

墜落事故の遺体確認は困難をきわめる。遺体の損傷が激しいために、作業が進まないのだ。しかも事故は真夏の八月。遅々として進まない作業に、関係者も遺族もあせっていた。

少女の遺体は二日前に確認されていた。が、夫の遺体確認はまだだった。

「写真は、夫がいつも身につけていた娘の写真なんです」

ふりしぼるように、女性はいった。

さらに偶然はつづく。女性がすかさず連絡をとった新聞社、そこは夫の職場でもあった。驚くべきことに、夫はそのスポーツ新聞社の大阪支局に勤務する新聞社員だったのだ。

「夫の声が聞こえてくるようです」

涙声で女性は語った。

夫が勤めていた新聞の紙面に掲載された愛する娘の写真。不幸な事故によってピリオドを打たされてしまった幸福な家族を象徴する一枚の写真。娘を何より大切に思う父の思いが新聞の紙面を割かせた。

掲載した新聞社もこの事実に驚くばかりだった。現場に飛んだ記者の取材で拾った特ダネがたまたまその写真であり、掲載はニュース性を重視してのことだったのだから、当然である。もちろん、紙面を編集した東京編集局は写真が自社の社員のものであるとは、想像もしていなかった。

「おれは娘の写真をいつもこんなに大切にもっているんだ」

と訴えかけてくる父の声にならない声に、妻もスポーツ新聞社の一同も強くうたれた。遺体は確認されていなくても、その声は一枚の写真を介して多くの人に間違いなく届いていたのだった。

そして写真のなかのオカッパの少女は、ありし日の笑顔のままにほほえんでいる。

村長に出されていた予言

取材班は、事故機に積まれているＪＡＬの機内誌『ウイング』に御巣鷹山のある上野村の紹介記事が載っていたという話を、上野村の村長さんに確認した。だが、結局これは、番組で放送できなかった。

実際に上野村の記事が掲載されている『ウイング』も、資料として一部送っていただき、それから取材班は電話をかけて、当時の話を詳しく取材した。

すると、村長さん自身にも、不思議な偶然が働いていたということがわかったのである。あの御巣鷹山の事故が起こった年の初めに、村長さんは村の占い師に次のような予言をされていたのだった。

「今年は、あなたが世界じゅうに注目されるような出来事が起こる」

これはまた、ずいぶんおおげさなことをいわれたな、と思った村長さんは、家に帰って奥さんにその予言の話をした。

その年の八月、多くの犠牲者を出したあの不幸な大惨事が起こった。そして、この事故から奇跡的に生還したけなげな少女が注目を浴びることにもなった。

このため、いつもは平和な上野村には各メディアからの取材陣が殺到。村長さんもその対応に忙殺されることになったのである。

「あの予言はこの事故のことをいっていたのね」

その騒ぎの最中に、奥さんは村長さんにそういったという。

45　事故機にまとわりつく「2」という数字

世界の空でトラブルがつづいた一九八五年

ひとたびトラブルが発生すれば大惨事につながる飛行機事故。

一説では、飛行機の墜落事故が発生する確率は一〇〇万回に数回だという。確率だけから見れば、航空機事故に遭遇することはまずない。しかし、このごく少ない数字の事故がひとたび発生すれば、死亡する確率は他の事故に比較してグンと高くなってしまう。

ゆえに、人々は航空機事故を恐れる。

この航空機事故に数字が関係しているといえば、驚かざるをえない。もちろん、科学的な根拠は何もない。過去の事故発生を見るとある数字が浮かび上がってくるという、ただそれだけの話である。

が、同じ数字が並んでしまう事実は、どう解釈したらよいのだろう。確率の低い航空機事故であるにもかかわらず、同じ数字がアンラッキー・ナンバーのように羅列されるのだ。

その数字は「2」。

航空機事故のアンラッキー・ナンバーは、2だった。いくつかの例を紹介していこう。

多くの人の記憶に残っている一九八五年の日本航空機墜落事故は、八月十二日に発生した。群馬県上野村御巣鷹山での死者は五二〇名。

その年の日本航空のトラブルを振り返ってみよう。
・七月十二日
当時の中曽根首相訪欧に用意された特別機にトラブルが発生した。トラブルは燃料タンクの故障。上野村の事故のちょうど一カ月前、七月十二日のことである。

・九月十二日
御巣鷹山墜落事故からピタリひと月後、第080便がミッドウェー上空で乱気流に巻きこまれた。幸い大事にはいたらなかったが、あわやの大惨事となるところだった。

日本航空に限ってもこのように2の数字が並んでしまう。

日航機の墜落事故が発生した一九八五年八月、ほかにはどんな事故があったのだろう。世界の空ではこんなトラブルがあった。
・八月二日
アメリカのダラス空港で離陸に失敗。五十余名の犠牲者を出した。
・八月二十二日
イギリスのマンチェスター空港で離陸に失敗。やはり五十余名の犠牲者が出た。この事故機はボーイング733機。この733機は、ちょうど四年前の一九八一年八月二十二日に台湾で爆発事故を起こしていた飛行機だった。

二日、十二日、二十二日に飛行機事故が起きていることがおわかりいただけただろうか。2のつく日は要注意なのだ。

また、飛行機事故は短期間に集中すると世間一般にはいわれている。飛行機事故のニュースがつづくと、この俗説が世間を走り回るが、たしかに俗説は俗説にすぎない。

しかし、航空機事故の短期間集中に根拠がないことを論理的に説明した者は、ただひとりとしていない。

数字にも同じことがいえる。仮に、2のつく日には飛行機に乗らないといい張る人がいるとしたら、その人は一笑に付されるのがおちだろう。だが、そうして笑い飛ばせる根拠をもつ人もまた、いないのである。

過去でも「2」「12」「22」の数字が要注意

さらに過去にさかのぼり、2のつく日にこだわって見てみることにする。

・一九七四年四月二十二日
パンアメリカン航空のボーイング707機がバリ島で墜落。乗員乗客一〇七名が死亡した。うち二十九名は日本人の犠牲者であった。

・一九八〇年一月二日
小型セスナ機が南紀白浜で墜落。同乗していた四名が死亡した。

・一九八一年八月二十二日
台湾で遠島航空のボーイング737機が墜落。乗員乗客一一〇名が死亡。うち十八名は日本人の犠牲者。作家の向田邦子さんも犠牲者のひとりで、多くのファンを嘆かせた。

・一九八一年十二月二十九日
山形県の蔵王スキー場でヘリコプターが墜落。ヘリコプターはNHK仙台放送局のチャーターヘリで、乗っていたカメラマンが死亡した。
・一九八二年二月九日
日本航空機の羽田沖事故。機長の精神的病気による逆噴射が原因だった。〝逆噴射事件〟として世間を騒がせる事故となった。
・一九八三年十二月七日
スペイン・マドリードのバハラス空港でイベリア航空のボーイング727機とアビアコ空港のDC9型機が衝突。双方の航空機から九十三名の死者が出た。うち日本人は三十四名が死亡。
・一九八五年七月十二日
・一九八五年八月二日
・一九八五年八月十二日
・一九八五年八月二十二日
一九八五年には、前述したように中曽根元首相訪欧特別機の燃料タンクのトラブル、米・ダラス空港離陸失敗事故、日航機墜落事故、英・マンチェスター空港離陸失敗事故が発生している。

・一九八六年九月二日
航空自衛隊機、民家に墜落。民家二棟を焼き、ふたりが怪我、乗員一名が死亡した。

・一九八七年二月二十三日
岐阜県多治見市でセスナ機墜落。セスナ機は山林近くの小学校の児童が描く人文字を撮影飛行中だった。操縦士が即死した。

・一九八七年四月十二日
鳥取県気高町の海岸にセスナ機墜落。セスナ機は、鳥取県選挙管理委員会が県知事・県議会議員選挙投票呼びかけのためにチャーターしたものだった。

・一九八七年八月二日
茅ヶ崎市沖にヘリコプター墜落。ＦＭ横浜がチャーターしたヘリコプターには女性タレントらが乗っており、ふたりが死亡した。

・一九八八年一月二日
西ドイツ・コンドル航空のボーイング７３７機がトルコで墜落。十六名が死亡した。

・一九八八年二月二十七日
シベリアでアエロフロートの航空機が墜落。二十名が死亡した。

・一九八八年四月二十八日
　ハワイでアロハ航空のボーイング737機が飛行中に天井部が吹き飛んだ。緊急着陸した同機だったが、五十九名の負傷者とひとりの行方不明者があった。
・一九八八年十一月二十九日
　大韓航空機撃墜事件。「真由美」と名乗る日本女性が犯人として捕らえられた。「真由美」は、キム・ヨンヒという北朝鮮の工作員であることがのちに判明。政治がからんだこの航空機事故はいまだ記憶に新しい。

　以上、セスナ機、ヘリコプターなどの小型機から旅客を乗せる大型機まで、一九七〇年代〜一九八〇年代に起きた空の事故を2のつく日付にかぎって抽出してみた。

　大惨事となった事故、記憶の片すみに残っている衝撃的な事故だけでなく、これほどの数の事故やトラブルが2のつく日に集中しているのだ。

　最初に述べたように、航空機事故は事故発生の確率そのものが極端に低い事故である。それなのに、事故は、2という数字に関連がある。事故例に見たように、これは間違いのない事実なのだ。

　すでにお気づきの人も多いかもしれないが、日航機墜落事故と2の因縁をもう少しお知らせしよう。一九八五年八月十二日墜落の事故機は、羽田発大阪着（残念ながら大阪着予定のままとなってしまった）の123便であった。

そしてあの事故機は、一九七八年六月二日に大阪空港で尻もち事故を起こした旅客機でもあった。

「2」は、どこまでも事故機にまとわりついて離れない。

46 穏やかな農村地帯で起きた連続怪死事件の謎

自殺と断定された五人の少年の連続死

大阪府泉南郡のK町で、ほぼ二カ月のあいだに七人の若者が相次いで死亡するという怪事件が起きた。

それも半径六〇〇メートルのごく狭い範囲内の出来事であり、そのうちの五人は死が死を呼んだかのようにほぼ一週間おきに連鎖的に自殺しているのだ。

ここK町は、当時建設中の関西新空港にほど近い人口四万足らずの町。大阪市内に電車で三十分という立地から昭和五十年代以降急速に宅地開発が進み、大阪府下でも屈指の人口急増地区として注目されている。

とはいえ、ふだんは穏やかな農村地帯である。突然始まったこの少年たちの連続自殺に大人たちはひどく困惑している。

いったい、この町に何が起こったのだろうか。

最初の自殺者は六月四日。K町の無職A君（17）が自宅近くの玉ねぎ小屋で、ロープで首を吊って死んでいるのが発見された。その六日後、今度は土木作業員のB君（18）が、以前住んでいた自宅の物干し場でやはり首を吊って自殺。

その一週間後の六月十七日には、三重県鳥羽市の旅館従業員C君（18）がK町に帰郷した際に山あいの農作業小屋で首吊り自殺をしていた。

四人めはその八日後。K町に隣接する貝塚市の山林で、K町在住の市の職員・Dさん（22）が、ロープ状にしたカッターシャツで首を吊っているのが発見された。

そして、それから一週間たった七月二日にも、女子大生のEさん（19）がナイフで胸を刺して自殺しているのだ。

大阪府警泉佐野署の調べによれば、自殺した五人中三人はおたがい顔見知りだった。A君とB君は中学の同級生でバイク仲間。C君は、去年までB君の父親経営の土建会社で働いていた。DさんやEさんには、前出の三人との交流はなかったとみられているが、連鎖反応による自殺と考えられている。

警察は五人とも自殺と断定しているが、遺書らしきものがあったのはA君だけである。ポケットのなかに、『借金を返しておいてほしい』という折り込み広告の片隅に書いたメモが残されていたのだ。

連続自殺の引き金になった少年ふたりの死

「死ぬ直前に黒い車に追われていた」「通り魔が横行している」「遺体は手足を縛られていた」……。

一週間おきに自殺者が出るという奇怪な連続自殺事件が起きたK町では、そんな噂が飛び交った。亡くなった少年の友人のなかには「ほんとうは自殺ではなく、他殺だった」と思いこみ、夜間ひとりで外出することさえ怖がっている若者もいた。

事実、三人めの自殺者となったC君は、旅館の上司に「友達の葬式に行ってくる」と告げ、二日間の休みをとって帰郷。B君の葬式に出たあと、農作業小屋で自殺したのだが、両手がビニールひもで後ろ手に縛られていたのだ。それで検死官が来て調べてみたが、現場には争った形跡はなく、すぐ近くの民家の人も物音をまったく聞いていない。縛られていた状態からみて自分でも結べる結び方なので、首吊りのひもをほどかないよう、自分で縛ったものと判断。自殺として取り扱うこととなった。

また、女子大生がナイフで胸を刺した日、近くに車は止まっていたが、彼女を追いまわしていたという事実はない。

警察も慎重に調べたが、鑑定や聞き込み捜査の結果、いずれも自殺と断定している。あまりにも自殺がつづくので、ちょっとした事実に尾ひれがついて、噂になったのだろう。

彼らの連続自殺が起きる以前、この町では、シンナー吸引が原因でふたりの少年が亡くなっている。

この連続怪死事件の始まりともいえる板金工F君(17)の死。彼は仲間とシンナー遊びをした直後、ひとりで池に飛び込み、泳いでいるときに心不全を起こして亡くなった。それが四月二十九日のことである。

そのちょうど一カ月後の五月二十九日、今度は無職のG君(17)が自室でシンナーを吸引中に死亡している。

このふたつの事故で、町では青少年のシンナー吸引を取り締まる必要性を痛感したものの、これらの出来事は単なる偶然が重なったにすぎないと思われていた。

ところが、G君の死後、六月に入ってからほぼ一週間おきに連鎖的な自殺が起こったため、しだいに奇怪な事件の様相を呈してくるのである。

A君、B君、C君の三人は、このふたりとも交流があった。彼らはともに暴走族のメンバーであり、シンナーの常習者でもあった。A君とF君は同じ中学の先輩、後輩の間柄。G君はA君、B君とバイク仲間だった。

部屋でうつぶせになって死んでいるG君を見つけた母親は、「あの子には、前々からシンナーをやめるようにいっていたのに何度注意してもだめやった。父親と取っ組み合いのケンカをしたりもしましたが……。シンナーのせいか、肝臓が弱く、近頃はもうギスギスに痩せてたんですよ」とがっくりと肩を落として語った。

シンナーとバイク、このふたつがこの事件のカギとなっているようだが——。それにしても、なぜ、彼らが事故死したふたりにつづいて、自ら命を絶つような行動に出たのか。

いずれのケースでも見つからない自殺の理由

死んだ少年の何人かは、警察がマークしていた不良グループのメンバーでもあった。とくにB君は『風』というグループのメンバーで、補導歴もあり、シンナーで公務執行妨害をして逮捕された前歴もあった。また、B君は駅前のワンルームマンションを借りていて、その部屋はグループの溜り場ともなっていたのだ。

「このあたりの被害はたいへんなものですわ。連中はオートバイや自転車の盗みはおろか、自動販売機の札入れ口に針金を入れたり、公衆電話の硬貨を入れるところに細かくちぎったテレホンカードを突っ込んだりして壊してしまうんですよ。夜中にパトカーで、シンナーやってた女の子たちが四、五人連れていかれたこともありますわ」

「近くの市にシンナーを売ってくれる店があるようで、土曜の夜中に連中は溜り場からそっちへ行くらしいで。最近は関西新空港の利権目当てで暴力団が増えてるさかい、シンナーは暴力団のええ小遣い稼ぎになってるんとちゃう」

と、町の人たちの反応は苦々しい。

不良グループのなかで、A君とB君は有名人。とくにB君は後輩からも慕われていて、近隣のグループにも顔が広く、彼の葬式には約四〇〇人の人が駆けつけたという。

B君は素行には問題があったものの、A君の葬式では『なんで死んだんや』と泣いて怒るやさしさがあった。また、そのとき参列していた仲間には、『悩みは相談しあおう。Aの分までオレたちが頑張って生きよう』といっていたという。

中学の校長先生の話でも、「仲間と一緒になって校舎の窓ガラスを四十九枚も割ったり、卒業式にバイクに乗って現われたりということもあったようですが、卒業してからは、仕事帰りに二回ほど遊びにきてくれて、給食室のドアを修理してくれたり、スズメバチの巣をもってきて理科の先生を喜ばせたこともあります」と彼のやさしい一面がうかがえる。

B君は中学卒業後、しばらく父親の会社を手伝っていたが、平成三年にその会社が倒産した。それと同時に家を手放すことになったのだが、それをとてもいやがっていたという。近所でもきちんと挨拶をする子という評判で、家を手放したあとも、一生懸命働いて家を買い戻そうと母親に話していたなど親孝行でもあったようだ。

そのうえ、その当時B君のつきあっていた女性が妊娠していたため、近々結婚する予定で新居を探していた矢先だったという。

「相手のお母さんともお話して入籍する予定になっていました。新しく住むところも息子と一緒に探していて、あとは不動産屋さんに連絡するだけだったのに。自殺する前々日には仕事先にもっていく保温式のランチボックスを買っておいてくれるよう頼まれていたんです」とB君の母親はいまだ彼の死を信じられないでいる。

これらの話から考えても、B君が自殺をするような状況にあったとは思えない。

それは、C君にしても同様である。C君の働いていた旅館の支配人は、

「真面目で、服装もきっちりしていたし、つっぱり風のところはぜんぜん見られなかった。同僚の話では、金を貯めて十八歳になったら自動車の免許を取るんだと話していたそうです。今回も友達の葬儀があるから二日間の休暇がほしいといっていただけだったので、まさかと思いました」と話す。

ただ、彼は帰郷して半年ぶりに再会したかつての恋人に「近く結婚する」という話を聞かされ、その直後から「ロープはないか」と自殺する素振りをみせていたという。

はたしてそれが自殺の原因だったのだろうか。それにしては安易すぎるのではないか。

従来の若者の自殺といえば、受験の失敗や家庭の不和など、それなりの理由があった。ところが、最近は動機が見当たらないケースがめずらしくない。今回のA君にしても、自殺の原因が借金だけだったとは思えないのである。彼らはいずれもシンナーの常習者で自殺現場にはシンナーの臭いがしたという。シンナーによる幻覚が死への恐怖感を弱め、友達の死から一気に自分を追いつめ、厭世的になり、自暴自棄になってしまったのだろうか。

そして、身近にそのような自殺がつづいたことで、同じような年代の若者も衝動的に死への道を選んでしまったのだろうか。

事件の状況が酷似する仙台のケース

同じような事件がK町の事件が起こる少し前に、仙台でも起きている。

こちらもK町に似た環境で、仙台市南部の田園地帯。近年は市域の膨張にともない、新興住宅地に変容しつつあるところだ。

平成四年二月九日の夜、農業高校に通う二年生のH君（当時17）が家族への感謝を綴った簡単な遺書を残して自殺した。

母親の話によると、H君はスポーツ好きで、繊細なやさしい性格だったという。また、高校進学のときに、親から普通高校を勧められていたのだが、「機械を勉強したい」という本人の意志で、農業機械のある高校へ進学した。親の助言を押しきっての進学だったため、学校のことを誰にも相談できずに悩んでいたふしがあった。それが自殺の原因となったのかもしれない。

ふたりめは、商業高校に通うI君（当時17）。三年になった四月一日に死を選んだ。学校ではひとりでいることが多い、静かな少年だったという。

彼とH君とは中学校時代からの親友で、別々の高校に進学してからも、毎週のようにふたりで釣りに出かけたり、一緒にアルバイトをしたりするほど仲がよかった。

それゆえに、I君にとってH君の死は大きな意味をもってしまったのだろう。I君は、H君の葬式にいちばんに駆けつけ、式のあいだじゅう、泣きつづけていた。そして、二カ月後、死の世界へと旅立ってしまうのである。

そのほぼ一週間後、新学年の授業が始まるという四月九日に三人めのJ君（当時17）が自殺した。彼は先のふたりと同じ中学を卒業した後、H君と同じ高校に通っていたのだが、H君たちととくに親交があったわけではなかった。

J君は亡くなる直前、家族に学校でいじめにあったと話しているが、高校側は「調べてみたがそういった事実はまったくなかった」と否定している。

いずれにせよ、宮城県教育委員会では「三人の死に関連性はなく、偶然が重なった出来事」と結論を出した。

この仙台の事件も、狭い地域に限られた連鎖性の強い出来事であり、三人はともに首を吊って死んでいた。時期的にもK町に先行するかたちで連続しており、それぞれの地域の状況も酷似している。そもそも自殺を考えるような状況ではなかったと思われるところから、友人の死に直面して、彼らが死に追いつめられるところまで、このふたつの町で起こった出来事にはあまりにも共通する部分が多い。

現代の若者は過度の競争のなかで、あるところから少し落ちただけで、先が見えてしまったと絶望感を抱きがちだ。行く場を失った若者が、自殺という選択肢を身近に見ることで、心を動かされたことも考えられる。

それにしても、地理的に離れている似たような土地環境のなかで、同じ年代の少年が、同じような時期に、同じような死を選び、それが連鎖反応を引き起こした。

これらの事件は何を示唆しているのだろうか。

第8章

何がそうさせる？
この人たちにもあった偶然のエピソード

47 女優・太地喜和子と唐人お吉の奇妙な符合

享年、離婚歴、酒豪などたくさんの一致点

はなやかな舞台女優・太地喜和子さんが、東京・日本橋の三越劇場で「唐人お吉ものがたり」を演じて拍手かっさいを浴びたのは、一九九二年八月のことだった。

文学座の看板女優として「飢餓海峡」「雁の寺」「近松心中物語」などの代表作をいくつももっていた太地さんだが、唐人お吉役は、

「念願の役。代表作にしたい」

と、張り切っていた。競演の若手俳優とともに、連日遅くまで稽古に励んだうえでの、初日の幕開きだった。

太地さんが演じた唐人お吉は、幕末の人。一八五七年、伊豆・下田に赴任したアメリカの初代駐日総領事ハリスゆかりの人である。お吉は十七歳のときに、〝日本を守るため〟という名目で下田奉行所からハリスに差し出された。仕事は夜勤で、ハリスの身のまわりの世話をするのが役目。

お吉とハリスに肉体関係があったのかどうかははっきりしていないが、お吉が明治の世になっても、「洋妾（らしゃめん）」「唐人お吉」と呼ばれて人々からさげすまれたことだけははっきりしている。

「唐人お吉ものがたり」での太地さんの熱演はすばらしかった。

劇中で、新内（浄瑠璃の一種・心中ものが多い）を語る芸妓のお吉は、きっぷがいい面をもつ反面、人々に軽蔑される過去をもつ、陰のある女。その二面性を情感豊かに演じる太地さんだった。

歴史上のお吉は、一時期下田から逃走したがまた下田に舞いもどり、髪結いや居酒屋のおかみをした。鶴松という船大工と結婚したが、その結婚は決して幸福なものではなく、夫の不倫で結婚生活は終わってしまった。離婚後、世間の冷たい視線にさらされながら、徐々にお吉は酒におぼれる生活に入っていった。

実生活の太地さんにも、離婚経験がある。さらに、太地さんはとてもお酒が好きな女性で、酒豪として知られていた。「有名人酒豪番付」にリストアップされたこともあるほどだったのだから、酒と太地さんは切り放せない。悲劇の女お吉の、坂道を転がり落ちていくような人生を演じる裏側には、太地さんの実生活での経験が多少なりとも反映されていたにちがいない。とにかく、太地さんの演技は鬼気迫るもので、唐人お吉が乗り移ったかのように観客を圧倒するものがあった。

やがて、酒に溺れて中風をわずらったお吉は、世間を恨み、運命を呪い、人生に絶望するようになってしまう。


それは、お吉の因縁の地、下田公演の前日だった

「唐人お吉ものがたり」のラストシーンはこうだ。

――生活に困窮したお吉に、人々はあわれみの米俵を与える。雪の降りしきるなか、命をつなぐはずの米俵をお吉は切り裂いてしまう。怒りをこめて力いっぱいに切り裂くお吉。米は外に向けてまき散らされる。降りしきる雪の白と、バラまかれる米の白が一体となったとき、幕は閉じられる。

幕が降りれば、舞台のお吉の演技はエンド。しかし、カーテンコールを受けながらも太地さんはお吉のままだった。

史実のお吉は、一八九〇年三月、豪雨の晩に下田を流れる川に身を投げて入水自殺するのだが、

「このラストシーンでは物語が完結しないような気がする」

と、太地さんは関係者にもらしていたという。

演出上の都合で削られた、あるべき自殺シーンがないことを気にしていたのだ。お吉を演じきってはいないという思いがあったのか、あるいは自分自身に入りこんでしまったお吉の幻影が何かをささやく声を聞き取っていたのか、いまとなってはわからない。

「唐人お吉ものがたり」東京公演は好評のうちに千秋楽を迎え、地方巡演に入った。

名古屋、大阪ももちろん好評。十月十二日は静岡県伊東での公演、十三日は下田での公演予定だった。

十二日の夜、伊東市観光会館での舞台を終えたあと、太地さんはいったん宿泊先のホテルに帰ってから、劇団の俳優ふたりと飲みにでかけた。芝居のことを話しながら飲むうちに、なぜか太地さんは急に伊豆の海が見たくなった。

「なんだか海が見たい」

スナックのママの乗用車に四人で乗りこみ、一行は伊東市内の観光桟橋に向かう。ママの知り合いの船に誰かがいれば船上から海をながめるつもりだったが、船は無人。桟橋から海を見つめ、帰ることになった。車をUターンするために、ギアをバックに入れて後退したそのとき、車はスルスルと港に飲みこまれるように水面に落ちていってしまった。

車内の四人になす術はなかった。

俳優ふたりとママは自力で抜け出したが、太地さんはだめだった。通りがかった女性の

110番通報でレスキュー隊がかけつけたとき、車内には太地さんがふわりと浮かんでいた。お吉が豪雨に流されて淵にふわりと浮かんだように。

太地喜和子さんの享年は四十八歳。一〇二年前に亡くなったお吉の享年も四十八歳。死亡原因は水による窒息死。離婚歴があったこと、酒豪だったこと、きっぷのいい姉御肌ながら寂しがり屋の性格だったこと——。終わってしまった太地さんの人生にお吉の人生を重ねると、共通することばかりが目につく。

翌日の十三日、下田での公演は、お吉の地元で行なわれる初の「唐人お吉ものがたり」公演となるはずだった。それだけに十二日の太地さんは、ふだん以上に緊張していたことだろう。緊張が酒を飲みたい気持ちを呼んで、海を見たい気持ちにさせたのかもしれない。しかし、下田という土地を離れようとして離れられなかったお吉、下田に生まれたばかりに「唐人お吉」と呼ばれるようになってしまったお吉の怨念が、公演を中止させたのかもしれないのだ。

肉体を離れた見えざるお吉の思いが一〇二年の歳月を飛び越し、演技しながらそこに自分の人生を重ねる女優の見えざる思いにピタリと合わさった。いくつかの符合が、一〇二年後にニュースを聞いたわれわれの目には、偶然の一致として映る。

太地さんが水死した車を運転していたスナックのママは、「斉藤さん」という。「唐人お吉」とのちのちまで伝えられることになったお吉の本名は、「斎藤きち」である。

お吉が「斎藤きち」と呼ばれたかったであろうことは、一〇二年後のいまも推測できる。

太地喜和子さんは、「唐人お吉の太地」と呼ばれたかった。

48 映画制作者にかかわる「12」の呪いの真偽

太地喜和子さんは霊感の強い女優だった。感性をとぎすます職業に霊感の強い人は多いが、女優という職業も例外ではない。女優のなかでも太地さんは霊感が強かったという。

太地さんが映画撮影中に、

「ここ、何かいやだわ。強い霊を感じる」

と、いったことがある。その場所は三重県熊野市の北部。撮影中の映画は、一九八五年に公開された『火まつり』だった。

『火まつり』は、熊野市で起きた殺人事件を題材にしている。事件が起きたのは、一九八〇年一月のこと。男性（44歳）が、母親、姉夫婦、弟、妹、自分自身の子どもふたりをオノと猟銃で殺害し、自らも自殺してしまった。一家八人、四歳の子どもから八十歳の老女までの死体が横たわる現場は血の海。一家の悲惨は衝撃をもって全国に伝えられた。

この事件をモチーフにした『火まつり』は、紀伊半島の自然に囲まれて生きる男性の苦悩を描く。近代化・都市化と闘いながらも、最後には自分を見失い、一家五人を殺害してしまう主人公には、事件の男性が投影されている。太地喜和子さんは、都会から故郷の熊野に戻ってきた華やかで奔放な女性の役を演じていた。

撮影隊が撮影途中に立ち寄ったのが、惨劇の舞台となった一軒家だった。事件後、家は住む人も守る人もなく、もちろん訪れる人もなく、荒れはてるままにされていた。

家を一目見た太地さんは、「強い霊を感じる」とひどくおびえ、一刻も早く立ち去りたいといい、ロケバスは早々に走り去ることになった。ロケバスは、その直後に脱輪事故を起こしたという。

そんなかんばしくない出来事があったものの、映画は無事完成して、西武流通グループ制作の第一弾映画として、華々しく公開された。カンヌ映画祭にも出品され、一部からは熱狂的な支持も受けることとなった。

それから七年後の一九九二年。この映画に関係した人に歓迎すべからざることが起こりだしたのである。

まず、四月十二日に、西友の映画制作担当部長が五十五歳の若さで急死した。

ちょうど四カ月後の八月十二日、映画の脚本を担当した作家の中上健次さんが死去。死因はガンだった。

それから二カ月後の十月十二日。主演女優・太地喜和子さんの水死。

四月、八月、十月と月は違ってもすべて同じ十二日の死。映画に関係した人々は、十二の数字の一致に気づかずにはいられなかった。

十二に気づいたとき、関係者が一様に思い出したのは、つぎのセリフだった。

「私は、最初、十二歳のときにたくさん血を出した」

映画の核ともなった太地さんのこのセリフは、公開当時、話題を集めた。そのセリフが記憶によみがえったのである。

十二と血、あの血の海となった廃屋を思い起こさざるをえないようなセリフ……。

セリフ以外にも関係者は、三人が逝去した一九九二年は殺人事件の起きた一九八〇年のちょうど十二年後であること、太地さんの享年四十八歳が十二に四（死）をかけたものであることにも気づいた。ゆえに〝「12」のたたり〟がささやかれることになったのである。

世間一般にもこのような数字の不思議な一致を「こじつけだ」という人がいるように、『火まつり』に関係した人すべてが〝「12」のたたり〟を信じているわけではない。この絵画の監督も笑い飛ばしているひとりだ。

しかし、12が関係者にとって喜ばしくない数字であることは間違いない。

映画の舞台となった三重県の南紀地方は、太地喜和子さんの父親の出身地でもある。東京出身の太地さんだが、霊感の強い彼女のこと、故郷でのロケに何かを感じていたことだろう。

三カ月つづいたロケのあいだ、太地さんはしきりに、

「海が見たい」

といっていたという。

熊野市も、斬殺事件の舞台となった家も、太地さんと同じ名前の太地という町も、みんな海のそばにある。

49 広い海で偶然見つかった思い出の指輪 (大林宣彦氏)

映画監督の大林宣彦氏は奥さんにもらった思い出の指輪を大切にしている。

「これは三十年間、ぼくの指にはまっているんです」

その大切な指輪を、大林監督は一度失くしかけたことがある。

奥様から贈られ、一度失くしかかった指輪の思い出を語る大林宣彦氏

「一度、俳優さんに貸したことがあるんです。海辺の撮影のときで、その俳優さんが海に向かって石を投げたはずみに、指からすっと抜けて波のなかに消えてしまった」

その役者を叱るわけにもいかない。監督は思い出の指輪を失くしてしょんぼりしてしまった。撮影の場所は瀬戸内海。ちょうど三メートルくらい波が引いた砂浜を歩いていたとき、監督はきれいな桜貝を見つけた。

「指輪のかわりにこれをもって帰ろうかとも思ったんだけど、桜貝は壊れやすいでしょう。拾ったあとに壊れてしまうとよけい悲しいので、またひょいと水のなかに返してあげたんです」

そのまま砂浜をはるかむこうのほうまでずっと歩いていき、またぶらぶらともとのあたりに戻ってきたときのこと。

ふと砂浜に目をやると、そこにまた同じ桜貝があった。

「こんな広い砂浜で、こんな小さなものが二度も見つかったのだから、これは運命だと思って……。もって帰って大切にしなければと、拾い上げようとしたんですね」

すると、その桜貝の隣に、砂に半分埋まるような形で、先ほど失くした指輪が顔を出しているではないか。

まるで、桜貝を目印に、海が指輪を返してくれたかのように。

こうして、奥さんとの思い出が詰まった指輪は無事に監督の手に帰ってきたのだった。

そして、いまも監督の指で輝いている。

50 多くの虫の知らせやデジャ・ヴ体験（稲川淳二氏）

父の亡くなった病院に引き寄せられた

これは、あの稲川淳二さん自身に起こった、不思議な偶然の一致の話である。

まず、稲川家の家系をめぐる、不思議な因縁。

稲川家直系筋はなぜかみんな、二十三年周期で亡くなっている。平成元年に、稲川さんのお父さんが亡くなり、その二十三年前には父方のお祖母さんが、そのさらに二十三年前には父の兄弟である叔父さん三人が亡くなっているという。

しかも、その死は水に関連していることが多い。

亡くなった三人の叔父さんのうち、最後に死を迎えた叔父さんは、当時海軍士官としてインド洋に出撃していた。

ある日、稲川さんのお祖母さんはこの叔父さんの夢を見た。広い海のなかに船がいて、その船の上で叔父さんが頭に手を当て、こちらを見ているという夢だった。

目を覚ましたお祖母さんはこの夢が息子の死の知らせであると感じた。「あの子（叔父さん）が死んでしまったわ」と家族に語ったという。

のちに、その船から帰ってきた戦友たちの話によると、叔父さんの死のようすはまさにその夢のとおりだった。叔父さんは船と最後をともにし、銃で頭を撃ち抜いて覚悟の死をとげたのだという。

また、稲川家では、男は長男しか残らないといわれている。

稲川さんの弟は、霊能者の話によると祖母の徳によって守られているそうで、いまでも元気でいるが、小さいころに二度も水の事故にあい、頭に怪我をしたこともある。

また彼には娘はふたりいるが、息子はおらず、弟で稲川の姓が絶えることになるという。

稲川さんのお父さんの死に関しても、不思議な出来事があった。

お父さんは亡くなる前にひとりで病院に行ったのだが、あとでその病院の医者から家族が、「あの状態でよくひとりで来られましたね」といわれたほど、病状は悪化していた。血液中の血小板が異常に減少しており、ほとんど瀕死の状態であったという。

入院した翌日、お父さんの容体はいったんもち直し、稲川さんは安心していた。だがその翌日、稲川さんの仕事先に、一転して父危篤の連絡が入ったのである。

稲川さんは急いで車で駆けつけたが、病院の建物はすぐそこに見えるのに、林に遮られて入口がわからない。はやる気持ちでうろうろしていると、林が切れて、いきなり視界が開けた。そこには太いカエデの木と鉄骨平屋の建物が見える。

「あっ！　ここは！」

稲川さんは絶句した。そこは、いままで彼の夢に三度も現われたが、心当たりがなく不思議に思っていた風景だったのである。

そのおよそ一年後のことだった。

稲川さんは仕事の関係でとある研究所に行き、そこで身体に電気を通す実験の被験者と

デジャ・ヴ体験など自らの神秘について語る稲川淳二氏

なった。仕事を終えて、車で外に出た稲川さんを待ち受けていたのは、彼がもっとも思い出したくない風景、すなわち、あの太いカエデの木と鉄骨平屋の建物の姿であった。

知らずに連れてこられたこの研究所は、お父さんが亡くなったあの病院の、まさに真ん前に建っていたのである。

このようなデジャ・ヴ経験はほかにもある。

中学三年の修学旅行、初めて訪れた清水寺で、稲川少年は不思議な感覚にとらわれた。

「あっ、この場所は覚えてる」

彼はこの奇妙な感覚のおもむくままに、同行した友達にこのまま歩いていくと次に出てくるはずの光景を予言していった。

「この階段を降りていくと、蓑笠がかかっていて……」

するると、ほんとうにそのとおりの風景が現われるのだった。友達は本気にしてくれなかった。稲川少年がこっそり先に行って見てきたのを、いかにも予知しているように話して自分たちをからかっているんだろうと思ったのである。

だが、清水寺に来てからは、ずっとその友達と一緒に行動してきた。それなのに稲川少年が口にしたのは、彼がほんとうに知っているはずのないものばかりだった。

友人のひとりが結婚することになり、一緒に披露宴会場を探していたときのことである。新宿でその友人と待ち合わせて歩きはじめたのだが、そのうちなぜか恵比寿のほうまで歩いてきてしまっていた。

恵比寿には稲川さんの古い友人の家があった。そこを通りかかると、旧友の家が昔どおりそのままあるのを見つけたので、

「あそこが友達の家なんだ」

と、同行の友人に指さして教えた。それは夜の九時三十分ごろのことだった。稲川さんは帰りの電車の時間が気にかかり、そのときちょうど時計を見たので、はっきりと覚えているという。

友人と別れて家に帰ってみると、電話のところにメモが置いてあった。メモを見てみると、その日の夜九時三十分ごろ、家人が恵比寿の旧友のお通夜の連絡を

受け、そこに控えておいたものであることがわかった。

その夜、稲川さんたちが偶然そばを通りかかり、家を見て旧友を思い出していたちょうどそのころ、その家では話題にあがった本人のお通夜が営まれていたのである。

番組で語ったコワーイ偶然

番組のなかで、稲川さんはつぎのような話を紹介している。

あるとき、舞台で一二五センチもある大きなあやつり人形を使うことになった。そのとき、人形の右手と右足のところがパーンと割れてしまった。

ところが、いざ舞台が始まってみたら、美術、照明、音響などのスタッフが、わけもないのに、なぜかつぎつぎと右手と右足にケガをするのだった。

「ほんとうは否定したいんですけれど、さすがにこのときは気持ちが悪くなりましたね」

そのときの人形使いはすでに亡くなっているという。

また、こういう話もある。

少し前に、鬼怒川の大きなホテルで火災があり、お年寄りを中心に多数の死亡者が出るという事件があった。

たまたま稲川さんはその近くに別の事件の取材に行っていた。そして、鬼怒川の事故を取材に行った知り合いのレポーターと、帰りが一緒になった。

そのレポーターは稲川さんにいった。

「これは番組ではいえないけど、すごいことがわかったよ」

レポーターの話によると、火事のあと燃えた建物を撤去したら、その跡から火事のときに亡くなった人数と同じだけの墓が出てきたというのだ。

さらに奇妙なことには、火事の瞬間に、身体じゅう火だるまになった猫が走りまわるのが目撃されている。ところで、地元の村には、むかし落人を蔵に閉じこめて焼き殺したことがあり、そのときに、やはり火のついた猫が走ったという伝説があるという。

「なんでそんなことが起こるんだ、といわれると困るんですが、ほんとうにそういうことがあるんですよ。さすがに、この話はそのときの番組では使えませんでした」

51 すべてが金曜日に起こった虫の知らせ（マルシアさん）

マルシアさんは小さいころから霊感が強い。

学生のころは試験のヤマカンがよく当たり、おかげであまり勉強をしなくてすんだとの

小さいころから霊感が強く、試験には助かったと語るマルシアさん

こと。試験の前日に目を通しているとき、ここが出るんじゃないか、とひらめいたところが、およそ七〇パーセントという高い確率で試験に出たという。

そのほかにも虫の知らせや胸騒ぎを感じたり、偶然思ったことが的中する不思議な体験が多い。それも一年のうち数カ月、とくにカンが鋭くなる時期があるという。日本であれば夏、ブラジルなら冬のころである。そのときは、偶然の出来事も身のまわりに多く起こるようになるのだそうだ。

最近も、こんな出来事があった。

マルシアさんの夢のなかに、まったく知らない外国人が出てきた。その外国人はなぜか印象深く、目覚めたあとでもはっきり覚えていた。

つぎの日、渋谷の喫茶店でお茶を飲みながら窓の外を見ていると、通行人のなかに、夕べ夢に見たばかりのあの外国人が混じっている。彼は髪の色から背格好、服装まで、昨日の夢のとおりであった。マルシアさんが気づいた瞬間、偶然その外人は彼女のほうを向き、ふたりの視線が合った。とても不思議な感じがしたという。

ブラジルにいたころにも、虫の知らせが当たったことが何度もある。

ある日、マルシアさんの家にたくさんの友達が集まっていた。しばらくして、車で外に遊びに出かけようということになったのだが、彼女はなぜか行きたくなかった。

「行くのはよそうよ」

と、友達にいったのだが、みんなは行く気になってしまって聞いてくれない。

それでもマルシアさんが渋るので、とりあえず友人ふたりが先に出かけ、ほかの人はあとから追いかけることになった。ところが、先に出かけたふたりの車は、交差点で大事故に巻きこまれてしまったのである。

また、こんな体験もした。マルシアさんの父親の仕事の関係で、家族じゅうで親しくしていた弁護士がいる。ある日、その弁護士は父親のサインをもらわなければならない重要な書類があったため、彼女の家にやってくることになっていた。

だが、当日になってマルシアさんはその人が家に来てはいけないと感じた。虫の知らせである。

弁護士に電話をして、

「いやな予感がするから、今日は家に来ないで」

と再三頼んだ。だが、弁護士はどうしてもその日じゅうに父親のサインが必要だという。

「夜八時に行くから」

と、彼女の頼みを聞き入れずに電話を切ってしまった。マルシアさんは不安で居たたまれない思いをした。八時ごろには冷汗まで出てくるほどだったという。

だが九時になっても弁護士はやってこない。時間におおらかなブラジルでは、そのくらいの時間の遅れは気にしないのが普通だが、この日彼女は不安でたまらず、弁護士の自宅に電話をしてみた。すると弁護士は午後八時ごろ、バイクでマルシアさん宅に向かう途中、四トントラックに追突、病院に運ばれていたのである。

十六歳のころ、無免許の友達が車で海に行こうとしていた。そのときもマルシアさんは、なんだか行かないほうがいい気がしたので止めた。それでも友人は忠告を聞かずに出発、事故を起こしてしまった。

奇妙なことに、ブラジルでこれらの虫の知らせが起こったのは、三回ともすべて金曜日のことであったという。

52 空港の離着陸がわかる不思議な力（吉村作治氏）

早稲田大学で考古学を研究する吉村作治氏は、いつも海外で発掘に飛びまわる忙しい毎日である。吉村氏によると、発掘を行なうときは、まず広大な土地のなかから先端技術を駆使してある程度の範囲を絞り込むのだという。

だが、科学に頼れるのはそこまでだ。あとはひたすら人間のカンが頼みの綱となる。考古学者の経験と直感をフル稼働させ、ある一点を指定。そこを掘り起こしてみるしかない。その場所に遺跡が埋もれているかどうかというのは、そのカンが当たるかどうかにかかっているのだそうだ。

吉村氏の祖母にあたる人は、おそろしいほど直感が鋭く、新興宗教の教祖になったくらいだったという。その血を引いたのか、吉村氏は子どものころからカンが鋭いほうである。

いままでの発掘はずーっと当たりつづき。掘っても遺跡が出なかったのは、まだ二回くらいしかない。遺跡を探してこれぞという場所にやってくると、身体のどこかがその場所にひかれていくような感じがするのだという。

また吉村氏は三という数字に縁が深い。サクジという名前なので、子どものころはサン

数字「3」との深いかかわりについて語る吉村作治氏

ちゃんと呼ばれていた。小学校から高校まで出席番号には三が入っていた。中学の受験番号は三三、高校の受験番号が三一三で、いずれもめでたく合格している。

ところが、大学の受験番号には三が入っていなかったせいか全敗。とうとう三浪の憂き目にあった。最終的に合格した大学の受験番号は七一三だった。

その吉村氏、発掘先で乗った飛行機で、いろいろ不思議な体験をしている。

二十年ほど前のこと。三月に大雪がつづいたころ、吉村氏はエジプトからの帰途についていた。ところが成田が大雪のため、空港に降りられないかもしれないという。だが、吉村氏はどうしてもその日に日本に帰りたい事情があった。

たまたま、乗った便の機長が知り合いだったため、いままでいかに自分のカンが当たったか実例をあげて、

「オレのカンは当たる。いま成田に向かっても、絶対大丈夫」

と、ついに機長を説得してしまった。

そして飛行機が成田上空にさしかかった、まさにそのとき三十分だけ空港から着陸許可が出ていたのである。

吉村氏の請け合ったとおり、飛行機は無事、成田に着陸することができた。

こんどはモスクワから帰国するときのことである。

乗客はすでに飛行機に乗りこみ、離陸を待っていたのだが、そのときモスクワは大雪に見舞われており、飛び立てそうにないという。

しかし、吉村氏はつぎの日に大学の講義があり、どうしても帰りたかった。

パーサーがやってきて、今夜はモスクワ泊まりになるから、飛行機から降りるようにいわれたが、吉村氏はパーサーに、

「でも、三十分ぐらいすれば、天候が変わるかもしれないよ。そんな気がする。一回降りてしまえば、また乗るのに時間がかかるし……」

などといって、そのまま機内で待ちつづけた。

すると、まさに三十分くらいして雪は小降りになり、飛行機は無事離陸できたのだった。

またこんな出来事もあった。

エジプトで発掘調査後、発見された三体のミイラを積んで、カイロから日本に向かって飛んでいたときのこと。ちょうど飛行ルートはミイラが掘り出された発掘現場の上空を通過する予定になっていた。そして、まさに発掘現場の上にさしかかると、そこは上昇気流で絶対にエアポケットなどないはずの場所なのに、突然機体がガクガクッと落ちこんだのである。

ミイラをエジプトに戻すため、再度そこを通ったときも同じことが起こった。

エジプト人はこれを祟りだといって恐れたが、吉村氏は祟りというより、ミイラの想いがなせるわざだったのだろうと思っているという。

53 日本とロンドンを結びつけた小説（遠藤周作氏）

作家の遠藤周作氏は、ユングがシンクロニシティという言葉で表現しているような、不思議な偶然の一致に深い関心を抱いているひとりでもある。

一九九二年夏の朝日新聞に掲載されたコラムで、三回にわたりこの現象について取り上げている。氏がこの偶然の一致に関心をもつようになったのは、自分自身の身の上に起こった不思議な偶然がきっかけだったという。

かつて、遠藤氏が所用でロンドンに滞在したときのことだった。

遠藤氏には、旅行をするとき、必ずその土地を生き生きと描写した本をもっていき、実際にその地を目にし、その空気を呼吸しながら、本と読み比べて楽しむという独特の習慣があったそうだ。

そのときもっていった本は、日本でも数多くの翻訳書が出ており、あのヒッチコックの映画「第三の男」の原作者としても親しまれている小説家、グレアム・グリーンの『情事の終り』だった。これは戦争中のロンドンを舞台にした小説で、ひとりの小説家と人妻の悲劇的な恋愛を描いたものである。

遠藤氏は滞在中のホテルで、毎晩欠かさずこの小説のページをめくりながら、ロンドンの地図を傍らに広げて、小説に出てくる場所に赤い丸をつける。主人公やヒロインが歩いた大通りや、秘かに逢ったホテルのある場所、恋人への思いを絶ち切ろうとしてヒロインが立ち寄った教会などだ。夜はこうして小説に読みふけり、翌日は地図を頼りに実際にその場所を訪れてみるのである。

このようにして、わずか数日のうちに、遠藤氏は『情事の終り』の舞台となったロンドンを丹念に歩きまわり、小説も街も十分に堪能することができた。

明日はロンドンを離れるという最後の日も、遠藤氏は『情事の終り』の主人公の小説家が電話をかけたことになっている公衆電話の存在を一目確かめるために、ロンドンの中心部にあるピカデリー・サーカスに出かけていた。夕方、ホテルまで歩いて戻ってきた遠藤氏は、ちょうどロビーに来ていたエレベーターにそのまま飛びこんだ。

エレベーターのなかには、ひとりの老紳士がいた。

「何階ですか？」

老紳士は遠藤氏に降りる階を尋ねると、かわりにボタンを押してくれた。

やがて自分の階にエレベーターが止まり、遠藤氏は老紳士に礼をいって降りた。そのまま自分の部屋に戻ったのだが、そのとたんに、彼はいきなり雷に打たれたようにハッと気がついたのである。

いままさにエレベーターで出会った紳士の顔。あれは以前写真で見たことのあるグレアム・グリーンその人ではないか！　遠藤氏は高鳴る胸を押さえながら、部屋の受話器を取り、フロントに確認の電話をした。それは、まぎれもなくグレアム・グリーン本人だった。

フロントはプライバシー尊重のため、グリーン氏の部屋は教えてくれなかったが、遠藤氏の名前を彼に伝えてくれた。直接会ったことこそないが、以前グリーン氏も英訳された遠藤氏の著書を読み、わざわざ感想を書き送ってくれたことがあったのだ。

五、六分後、遠藤氏の部屋の電話が鳴った。いまからホテルの酒場で飲もうという、グリーン氏からの誘いの電話だったのである。それはグリーン氏の小説を片手に、ロンドンの街を歩きまわった日々の締めくくりにふさわしい出来事だった。

遠藤氏はこの出来事に、単なる偶然を超えた何かを感じた。そして、このように人生においてたびたび出会う偶然について、だんぜん好奇心をもちはじめたのだという。

すると、氏が好奇心をもちはじめたのとほとんど同時に、本屋の店頭には、ユングやシンクロニシティに関する本が並びはじめたのだという。知りたいと思っていることについてかかれた本が、まるでそれを察したかのように現われてくれたのである。

54 シンクロニシティは宇宙の法則のひとつ（細野晴臣氏）

ミュージシャンの細野晴臣氏とタイタニック号のあいだには、浅からぬ縁がある。

タイタニック号が一九一二年（明治四十五年）、大西洋上で濃霧のため氷山に衝突した

タイタニック号日本人唯一の生き残りだった祖父について語る細野晴臣氏

とき、細野さんの祖父、細野正文さん（当時、鉄道院副参事）がたまたま乗り合わせていたのである。

正文さんは、鉄道院からドイツへ留学していたが、ちょうどその留学期間を終えイギリス、ニューヨークを経由して日本へ帰る旅の途中であった。

そして、タイタニック号から唯一生還した日本人となったのである。

彼はその年の六月に、アメリカを経由して帰国した。

彼は生前、タイタニック号のことをあまり語りたがらなかったという。口にするにはあまりに悲劇的な事件であり、また「日本人として、おめおめ生きて帰ってきた」など、心ない人の中傷もあったようである。

正文さんの死後、遺品のなかから、タイタニックの船上で走り書きしたらしいメモが発見された。

それによると、やっと彼の番がまわってきたとき、もう救命ボートはいっぱいで、一度は「もうだめだ」と締めたらしい。しかし出発間際になって、救命ボートの上から、「もうひとり乗れる」という声がした。正文さんはそれにしたがってボートに乗り込んだ。ボートの上では、人々が無秩序に殺到しないよう、拳銃をもった男たちがにらみをきかせていたという。

正文さんが無事日本に帰ったのは三十歳のとき。その後、晴臣氏の父親である日出臣氏が生まれている。

「祖父が生きて帰ってきてから、父が生まれた。もしあのとき、祖父がタイタニック号と一緒に沈んでいたら、父も私もこの世に存在しなかった。タイタニック号はうちの家系のカルマです。そのことを最近よく考えますね」

と、細野さんはいう。

細野さんは近年、宮沢賢治の小説『銀河鉄道の夜』がアニメ映画になったとき、この映画の音楽を偶然担当することになった。

この『銀河鉄道の夜』という小説も、タイタニック号と関係がある。主人公の少年たち、ジョバンニとカンパネルラが、銀河鉄道に乗って旅をする最中に、タイタニック号の犠牲者たちと乗り合わせるシーンがあるのだ。

祖父が経験したタイタニック号の悲劇をモティーフにした小説の映画化に、またその孫が作曲家としてかかわりをもつ。

これも不思議な運命の縁である。

細野さんはタイタニック号のシンクロニシティについて、つぎのように語ってくれた。

「タイタニック号の沈没には、大きな意味がある。事件を詳細に予言した小説が存在する、しかもひとつではない。意味がないことでは、ここまできわだったシンクロニシティは起こらない。もともとシンクロニシティは日常レベルでも起こる宇宙の法則のひとつです。メッセージ性が強いことにこそ、シンクロニシティはドラマティックに起こるのだと思います」

シンクロニシティ＝関連性のない時と場所で、意味をもつかのように結び合わされた、偶然のパターン

〈番組制作および追加取材にあたって参考にさせていただいた文献一覧〉

『シークレット・ライフ』ライアル・ワトソン　筑摩書房
『世界不思議百科』コリン・ウイルソン　青土社
『アーサー・C・クラーク超常現象の謎を解く』PART2　ジョン・フェアウエイ　サイモン・ウエルフェア　リム出版
『ストレンジ・ワールド』PART2、3　フランク・エドワーズ　曙出版
『世界奇談集　うそのような本当の話』R・リプレー　河出文庫
『世にも不思議な偶然の一致』　梁光世・監修　学研
『事実は不思議よりも奇なり』　南部正人　学研
その他、ムウ、トワイライトゾーン、週刊朝日、週刊文春、朝日、毎日、読売など各誌、各紙

本当に起きた恐怖の怪奇実話！

あなたの隣りの怖い話　第1弾

ナムコ・ワンダーエッグ「あなたの隣りの怖い話コンテスト」事務局 編

この本を夜中に読むときは、カーテンを引いてからページを開いてください。窓ガラスに何かが映るかもしれませんから……全国から寄せられた体験手記から48話を厳選！

「いちばん怖い！」と定評の心霊恐怖体験本

世にも恐ろしい幽霊体験〈文庫〉

ナムコ・ナンジャタウン「あなたの隣りの怖い話コンテスト」事務局 編

恐怖の体験は他人事ではありません。本書をお読みになる方も、心の隙間につけこまれないように気をつけて——。人知では図り知ることのできない身の毛もよだつ恐怖の47話収録。

戦慄の霊体験TV番組の実話集

恐怖の百物語　第1弾

関西テレビ放送 編著

番組収録中にTVスタジオで異変が続出したと、写真週刊誌などで話題になった、問題の霊体験告白番組を活字化。本当にあった怖い話24話を収録。

身近で頻繁に起きている超怖い54話！

怖くてトイレに行けない話〈文庫〉

ナムコ・ナンジャタウン「あなたの隣の怖い話コンテスト事務局」編

膨大な体験手記から厳選の54話。特定のスポットだけでなく、あなたの身近なところで実際に、そして頻繁に起きている恐怖の真実が次々と…とにかく怖い！

背筋も凍る戦慄の恐怖体験48話！

トイレに行けなくなる怖い話〈文庫〉

ナムコ・ナンジャタウン「あなたの隣の怖い話コンテスト事務局」編

霊感のない人でも、ある日突然、常識を超えた恐怖の戦慄に襲われる！　特別な人、特定の場所にだけ現われるのではない恐ろしいナマの体験談が次々と明かされる。

世にも怪異な怨霊に突然襲われる！

私たちが体験した超怖い話〈文庫〉

ナムコ・ナンジャタウン「あなたの隣の怖い話コンテスト事務局」編

全国から寄せられた血も凍る恐怖実話！　闇の底から見つめる視線…世にも怪異な世界への扉があなたの近くにも潜んでいる。体験者にしか語れない恐怖の45話。

推理作家10人が読者の頭脳に挑戦！

犯人は誰だ？ 名探偵推理クイズ

推理作家10人会 著

推理小説界で活躍している10人の作家が腕によりをかけて書き下ろした48の短篇推理クイズで読者の推理力に挑戦。真犯人を探し出すのは名探偵である読者のあなたの役目です！

世界に誇る日本の科学警察！

「鑑識の神様」9人の事件ファイル

元・科学警察研究所法医第一研究室長 須藤武雄 監修

体毛・歯・指紋・足跡・筆跡・ポリグラフ・血液・死体・声紋。さまざまな科学捜査の現場と実際に扱った事件をもとに、科学捜査の第一人者9人が謎を解明した22の難事件。

名画に秘められた驚くべきヒミツ！

ダ・ヴィンチの暗号99の謎 〈文庫〉

福知 怜 著

絵の修復で甦った「最後の晩餐」に隠された暗号／名画「モナリザ」に隠された数々の謎／秘密結社の総長だった？ ダ・ヴィンチ最大の謎……など、世界を揺るがす暗号の謎に鋭く迫る！

二見書房の既刊本

ベテラン整備士が明かす意外な事実

ジャンボ旅客機99の謎〈文庫〉

エラワン・ウイパー 著／ウイチャイ・ワンナワック 訳

あの巨大な主翼は8mもしなる！／燃料タンクはどこにある？／どの旅客機も左から搭乗するのはなぜ？／車輪の直径は自動車の2倍、強度は7倍！……などジャンボ機の知りたい秘密が満載！

パイロット＆客室乗務員の㊙情報満載！

続 ジャンボ旅客機99の謎〈文庫〉

エラワン・ウイパー 著／ウイチャイ・ワンナワック 訳

巨大な主翼はテニスコート2面分！／座席番号に隠された法則とは？／どの航空会社のジャンボがいちばん乗り心地がいいのか？／国内線を飛ぶジャンボは、日本だけの特注機！……など話題の最新ネタ！

沈黙を破り、幻の巨艦がいま甦る！

戦艦大和99の謎

渡部真一 著

誕生秘話に始まり、世界最強の攻撃力、防御力、謎に包まれた乗員の生活環境、そして最後の戦闘に到るまで、新発見データで伝説の超弩級艦の常識を根底から覆す。

[編著者紹介]

TBSテレビ

平成4年8月21日、TBS系で放映された金曜テレビの星「発見! 驚異の新事実　あの事件・事故に隠された恐怖の偶然の一致」には、全国の聴視者から数多くの反響が寄せられました。

交通事故に遭ったとき、人形が自分の身代わりになってくれた話を書いてきた17歳の女の子。高校の入学式の日、同じクラスになった同姓同名の子が、同じ日、同じ病院で、同じ分娩室で生まれたことがわかったという22歳の女性の話などが送られてきたのです。

われわれのまわりには不思議な偶然の一致が数えきれないほど転がっていることが、ここでも証明されました。見えざる不思議な宇宙の法則に出会う旅はこれからもつづきます。

あの事件《じけん》・事故《じこ》に隠《かく》された
恐怖《きょうふ》の偶然《ぐうぜん》の一致《いっち》

2006年7月10日　初版発行

[編著者]　TBSテレビ番組スタッフ

[発行所]　株式会社 二見書房
東京都千代田区神田神保町 1-5-10
電話　03(3219)2311[営業]
03(3219)2315[編集]
振替　00170-4-2639

[出版協力]　TBS事業本部コンテンツ事業局
[編集]　株式会社　ライトプレス
[印刷／製本]　株式会社 堀内印刷所

ISBN4-576-06088-0
http://www.futami.co.jp

※本書は1993年3月に二見文庫として刊行された書籍の改装改訂新版です。